Das Buch

Gut gezickt ist halb gewonnen! Denn souveräne Zicken sind niemals sprachlos. Ob sie dummen Sprüchen, frechen Bemerkungen oder ungerechtfertigter Kritik ausgesetzt sind – Zicken bleiben nicht stumm, sondern geben Kontra. Und Schlagfertigkeit ist erlernbar: Entdecken Sie Ihre sprachliche Kreativität, gewinnen Sie Selbstvertrauen. Und lernen Sie, Menschen und Gesprächssituationen richtig einzuschätzen, um einen Angriff spontan und gewitzt zu kontern. Mit Hilfe von Renate Haens Strategien, Beispielen und Übungen können Sie auf amüsante und spielerische Weise Ihre ganz persönliche Form von Schlagfertigkeit entwickeln. Und Sie werden auf jede Unverschämtheit die passende Antwort wissen.

Die Autorin

Renate Haen, 1962 im Zeichen der Zicke (Steinbock) geboren, ist Theaterregisseurin und Autorin. Sie lebt in München und veranstaltet Zicken-Seminare zum Thema Persönlichkeitsbildung, Kreativitätstraining und Schlagfertigkeit. Persönlich erreichen Sie die Autorin unter ihrer E-Mail-Adresse: RenateHaen@gmx.net

In unserem Hause ist von Renate Haen bereits erschienen:
Das Zicken-Prinzip

Renate Haen

Zicken geben Kontra

Der weibliche Weg zu Schlagfertigkeit
und Durchsetzungsvermögen

Ullstein

Ullstein Taschenbuchverlag
Der Ullstein Taschenbuchverlag ist ein Unternehmen
der Econ Ullstein List Verlag GmbH & Co. KG, München
Originalausgabe
1. Auflage 2001
© 2001 by Econ Ullstein List Verlag GmbH & Co. KG, München
Redaktion: Julia Riesz
Umschlagkonzept: Lohmüller Werbeagentur
GmbH & Co. KG, Berlin
Umschlaggestaltung: Bezaubernde GINI, München
Titelabbildung: Corbis GmbH
Gesetzt aus der Omnibus
Satz: Pinkuin Satz und Datentechnik
Druck und Bindearbeiten: Clausen und Bosse, Leck
Printed in Germany
ISBN 3-548-36296-6

Inhalt

»Du machst Diät? Sieht man gar nicht!« – Die Gedankenlosigkeit 108

»Ihr Kaffee ist wirklich der beste!« – Vom Umgang mit Schmeichlern, Angebern und anderen Aufdringlingen 116

Wer Zicken macht, hat mehr vom Leben – Seien Sie zickig und geben Sie Kontra

Zurzeit vollzieht sich bei uns ein interessanter gesellschaftlicher Wandel – Frauen lassen sich nicht länger ins Bockshorn jagen, sondern bekennen stolz: »Ich bin eine Zicke!« Zicken zu machen gilt nicht mehr als Tabu, als Verhalten, das frau unter allen Umständen vermeiden sollte, vielmehr ist zickig sein inzwischen gleichbedeutend mit selbstbewusstem Auftreten. Die souveräne Zicke tut, ganz wie ihr tierisches Vorbild, was *sie* für richtig erachtet, und nicht, was andere von ihr erwarten. Sie ist im besten Sinne spontan und springlebendig, denn sie folgt ihren eigenen Impulsen und hat nur meckerndes Gelächter übrig für all jene, die in öder Routine versauern. Mit einem Wort: Die souveräne Zicke ist *eigensinnig* – sie besitzt den Mut, eigene Anschauungen zu entwickeln und sich selbst Ziele zu setzen, die sie in ihrem Leben verwirklichen möchte. Und hierfür braucht sie Schlagfertigkeit.

Als souveräne Zicke erreichen Sie mit Schlagfertigkeit dreierlei: Sie setzen sich gekonnt in Szene (etwa durch Ihre witzigen Einwürfe in fröhlicher Runde), Sie erwehren sich lässig dummer Sprüche, blöder Anmache oder ungerechtfertiger Kritik und Sie besitzen die Fähigkeit, sich für Ihre ureigenen Ziele einzusetzen und sie mit den Mitteln des Worts engagiert und selbstbewusst zu vertreten. Schlagfertigkeit, wie ich sie verstehe, bedeutet nicht nur, blitzschnell und angemessen zu reagieren, sondern auch und vor allem zu *agieren*, das heißt Ihr Leben selbst zu gestalten, indem Sie von sich aus die Initiative ergreifen.

Weil es um Ihre eigenständige, unverwechselbare Persönlichkeit und Ihre individuelle Lebenssituation geht, werden Sie in diesem Buch keinen Katalog vermeintlich »todsicherer«

schlagfertiger Erwiderungen finden. Denn ebenso einzigartig wie Sie selbst ist Ihr Leben, und folglich kann es Standardantworten, die Sie nur auswendig zu lernen brauchten, um jeder Situation gewachsen zu sein, nicht geben. Sie sind schließlich kein Papagei, der einfach nachplappert, was er irgendwo aufgeschnappt hat. Sicherlich mag dies bis zu einem gewissen Grad funktionieren – auch der Papagei erntet bisweilen Lacher –, aber auswendig gelernte Sprüche werden nie *Ihre eigenen* sein und daher auch nur selten im passenden Moment spontan »aus dem Bauch heraus« kommen. Spontaneität ist jedoch ein entscheidendes Merkmal echter Schlagfertigkeit.

Ich möchte Sie mit diesem Buch einladen, sich auf Entdeckungsreise zu sich selbst zu begeben und Ihre ganz persönliche Form der Schlagfertigkeit zu entwickeln. Denn Schlagfertigkeit ist kein angeborenes Talent, mit dem manche Menschen gesegnet sind und andere nicht. Was immer Sie bislang von sich geglaubt haben, die Wahrheit lautet: Auch Sie sind keineswegs »auf den Mund gefallen«!

Vielleicht haben Sie sich bisher nur nicht getraut, ihn aufzumachen, weil Sie meinten, sich »nicht gut ausdrücken« zu können, weil Sie Ihre Arbeit für »nicht gut genug hielten«, um Kritik souverän abzuwehren, oder weil Sie dem (typisch weiblichen) Irrtum verfallen waren, Harmonie sei das höchste Gut auf Erden, das es um jeden Preis zu bewahren gelte. Doch damit ist jetzt Schluss! Die frohe Botschaft lautet: Schlagfertigkeit können Sie trainieren. Statt in Bewunderung zu zerfließen über Menschen, die scheinbar »von Natur aus« schlagfertig sind und immer einen flotten Spruch oder eine rotzfreche Antwort parat haben, werden Sie sich mit Hilfe der Übungen in diesem Buch auf amüsante und spielerische Weise Schritt für Schritt zu einer schlagfertigen souveränen Zicke entwickeln.

So paradox es sich anhören mag – Schlagfertigkeit beginnt bei Ihnen selbst, bei Ihrer Persönlichkeit und nicht mit dem, was jemand anderer zu Ihnen sagt. Die Fähigkeit, wirkungsvoll Kontra zu geben und sich in Beruf und Privatleben souverän durchzusetzen, gründet auf einer positiven inneren Haltung *sich selbst* gegenüber. Sie ruht auf vier Säulen, gewissermaßen den »vier Beinen der Zicke«: Das erste »Bein« ist die Lust am Umgang mit Sprache, der Spaß am Spiel mit Wörtern – so werden Sie zunächst die Quelle Ihrer sprachlichen Schöpferkraft zum Sprudeln bringen und Ihren Witz entfalten. Das zweite »Bein« ist Ihr Selbstbewusstsein, Ihr Selbstvertrauen und Ihr Selbstwertgefühl: Beschließen Sie, sich selbst zu achten und wertzuschätzen, damit Sie Ihren Mitmenschen »von gleich zu gleich«, das heißt souverän, begegnen können – ganz egal, ob Sie einen dummen Spruch schlagkräftig parieren oder ob Sie Ihre Vorstellungen vertreten und durchsetzen möchten. Das dritte »Bein« ist die Konfliktbereitschaft: Fassen Sie Mut, engagiert für Ihre Anschauungen und Ziele einzutreten, statt sich »um des lieben Friedens willen« mit faulen Kompromissen zu begnügen. Das vierte »Bein« schließlich betrifft Ihre Wahrnehmungsfähigkeit: Vervollkommnen Sie Ihr Talent, Menschen und Gesprächssituationen zutreffend einzuschätzen, um blitzschnell angemessen (re)agieren zu können. Mit diesen grundlegenden Voraussetzungen der Schlagfertigkeit, den »vier Beinen der souveränen Zicke«, befasst sich der erste Teil dieses Buchs.

Wie Sie Ihre Lust an der Sprache, Ihr Selbstbewusstsein, Ihr Engagement für die eigene Sache und Ihre Menschenkenntnis nach außen tragen und im konkreten Fall an den Mann oder die Frau bringen können, erfahren Sie im zweiten Teil. Hier lernen Sie die sieben Möglichkeiten des souveränen Konters kennen. Mit Hilfe konkreter Beispiele und praktischer Übungen werden Sie sich Ihr ureigenes Repertoire von schlagfertigen Lieblingserwiderungen zusammenstellen – entscheiden Sie selbst, je nach Persönlichkeit und individuellen Neigungen, welche Formen des Konters für Sie maßgeschneidert sind. Schließlich wollen Sie Ihren gezielten Hieb souverän und authentisch rüberbringen, wenn Sie mit einem bösartigen Angriff, einem (gedankenlos dahingesagten) dummen Spruch oder einer aufdringlichen Schmeichelei konfrontiert sind. Außerdem stelle ich Ihnen die kleinen Tricks der souveränen Zicke, nämlich die »Ausweichmanöver« Notlüge, Ausrede und Bluff vor.

Zu guter Letzt möchte ich Sie mit den Kapiteln *Gespräche selbst führen, statt (an der Nase herum-) geführt zu werden* und *Smalltalk – die Kunst, geistreich nett zu sein* ermuntern, Ihre neu erworbenen Fähigkeiten in größeren Zusammenhängen zu erproben. Als souveräne Zicke meistern Sie dank sorgfältiger Vorbereitung und geschickter Gesprächsführung wichtige Unterredungen bravourös und beim Smalltalk stehen Sie nicht mit nervösem Kribbeln im Bauch herum, sondern versprühen Ihren Geist und Ihren Charme, um neue Bekanntschaften zu schließen und ein paar amüsante Stunden zu verbringen.

Und jetzt heißt es: Hinein ins Vergnügen und viel Spaß, wenn Sie sich auf das Abenteuer einlassen, die schlagfertige souveräne Zicke in sich zu entdecken.

Reden ist Gold – Entdecken Sie Ihr schöpferisches Potential

Sicherlich ist es Ihnen auch schon so ergangen, dass Sie auf eine Unverschämtheit, die Ihnen jemand an den Kopf warf, nichts zu erwidern wussten. Der Angriff kam ganz unvermittelt und Ihr Kopf schaltete erst mal auf Blockade: Sie fühlten sich »völlig vernebelt« oder »wie gelähmt« und waren zu hilflosem Schweigen verdonnert. Vielleicht fiel Ihnen Stunden später die passende Erwiderung ein – aber da war der Zug längst abgefahren. Seufzend sagten Sie sich, dass Sie »eben leider nicht schlagfertig« seien und sich damit begnügen müssten, das (Schlacht-)Feld jenen zu überlassen, denen eine gute Fee diese Begabung beneidenswerterweise in die Wiege gelegt hat.

Wenn Sie schlagfertige Menschen aber einmal genauer beobachten, werden Sie bemerken, dass unsere redegewandten Zeitgenossen vor allem eins auszeichnet: Sie gehen auf schöpferisch-spielerische Weise mit Wörtern und Sprache um. Es macht ihnen *Spaß*, die treffende Formulierung zu finden, und sie sind gewissermaßen darauf gepolt, Komisches aufzuspüren und das Absurde einer Situation zu erkennen.

Wollen Sie Ihr Talent als schlagfertige souveräne Zicke entfalten, gilt es deshalb zuallererst, Spaß an der Sprache zu entwickeln und Ihr schöpferisches Potential beim Jonglieren mit Worten wachzukitzeln. Sagen Sie jetzt bitte nicht, Sie besäßen keins! Jeder Mensch verfügt über sprachliche Schöpferkraft, denn wir alle gehen ständig mit Sprache um, indem wir reden, zuhören oder lesen. Wie einfach – und darüber hinaus vergnüglich – es ist, das eigene Sprach- und Witzpotential zu erwecken, werden Sie entdecken, wenn Sie die zu diesem Kapitel gehörenden Übungen machen.

Jene Form der Schlagfertigkeit, die Sie brauchen, um dumme Sprüche witzig zu kontern, beruht auf der Fähigkeit, die Doppelbödigkeit der Sprache zu erkennen und geschickt für sich auszunutzen. Denn gesprochene Sprache beinhaltet immer mehr als nur eine Ebene, im Unterschied etwa zu technischen Handbüchern oder Kochrezepten, die nicht zuletzt deshalb so umständlich wirken, weil Zweideutigkeiten und Missverständnisse ausgeschlossen werden sollen. Bei der schlagfertigen Erwiderung jedoch machen wir uns ebenjene Zweideutigkeiten und Missverständnisse zunutze.

Hierfür steht Ihnen eine Vielzahl von Möglichkeiten zur Verfügung. Sie können den Sprecher absichtlich falsch verstehen und zum Beispiel seine auf Ihre politische Haltung abzielende Frage »Wo stehen Sie?« mit »Auf dem Boden der Tatsachen« beantworten. Sie können die Bedeutung einer Aussage ins Gegenteil verkehren und den Ausruf »Wie siehst *du* denn aus?« in ein Kompliment ummünzen: »Ja, toll, nicht wahr?« Oder Sie können ein akustisches Missverständnis vortäuschen und den Ruf des aufmerksamkeitsheischenden Kollegen »Seht mal alle rüber!« mit einem vermeintlich verständnislosen »Was? Sät mal alle Rüben?« quittieren.

Und dann gibt es noch die Möglichkeit, den Angreifer beim Wort zu nehmen, wie es die schlagfertige Flugbegleiterin tat: Auf einem Transatlantikflug wurde morgens die Bordbeleuchtung wieder eingeschaltet und ein aus dem Schlaf gerissener Passagier brüllte: »*Who put on the fucking lights?!*« Die Stewardess erwiderte gelassen: »*Sorry, Sir, you missed the fucking lights, these are the breakfast lights.*«

Ein wesentliches Merkmal echter Schlagfertigkeit ist die Ironie. Ironie bedeutet, das Gegenteil dessen zu sagen, was man eigentlich meint, beispielsweise um Kritik elegant zu verpacken. Bemängelt Ihre notorisch geschmacklos gekleidete Kollegin in bierernstem Ton, Ihre Bluse und Ihr Halstuch passten nicht zusammen, könnten Sie ihr ironisch erwidern: »Ich bewundere Ihren guten Geschmack, Frau Meyer. Toll, wie *Sie* es immer schaffen, Ihre Kleidungsstücke perfekt aufeinander abzustimmen!« Damit ernten Sie mit Sicherheit einen Lacher – natürlich nicht von Frau Meyer, aber von den anderen Kolleginnen und Kollegen.

Eine weitere Möglichkeit des schlagfertigen Konters besteht darin, die Aussage Ihres Gegenübers ad absurdum zu führen. Wirft Ihnen beispielsweise jemand vor, Sie könnten »überhaupt nicht einparken«, erwidern Sie lässig: »Woher auch? Schließlich habe ich meinen Führerschein in der Wüste gemacht!« Die absurde Entgegnung ist eine hervorragende Waffe, um dumme Sprüche zu parieren: Mit ihrer Hilfe führen Sie den Angreifer auf Abwege und lassen ihn dann einfach »im Regen stehen«.

Und schließlich müssen Sie gar nicht immer unbedingt selbst kreativ sein. Wer sich zum Beispiel Witze merken und gut erzählen kann, ist eindeutig im Vorteil. Denn der richtige Witz an der passenden Stelle hat schon so manch angespannte oder steife Gesprächssituation in schallendes Gelächter aufgelöst und damit das Eis gebrochen. Schärfen Sie daher Ihre Aufmerksamkeit für gute Witze und freche Sprüche und entwickeln Sie die Fähigkeit, sich Gags zu merken und sie wirkungsvoll einzusetzen. Um den Spruch »Männer und Frauen passen einfach nicht zueinander« effektvoll zu platzieren, müssen Sie nicht wissen, dass er von Loriot stammt – Sie müssen ihn sich nur gemerkt und im passenden Moment parat haben.

Übungen

Die folgenden Übungen werden Ihre sprachliche Schöpferkraft erwecken, und falls Sie sich bislang für »fantasielos« gehalten haben, kann ich Ihnen jetzt schon ein vergnügliches Aha-Erlebnis versprechen! Sie brauchen nichts weiter als Papier und Stift und den festen Vorsatz, die Übungen nicht nur zu lesen, sondern auch *auszuführen*. Heben Sie Ihre Übungsblätter auf – am Ende des Kapitels werden Sie sehen, warum.

1. Der erste Schritt zum schöpferischen Umgang mit Wörtern besteht darin, Ihre Assoziationsfähigkeit zu trainieren. Es ist uns zumeist nicht bewusst, aber (fast) jedes Wort, das wir hören oder lesen, löst wie bei einer Kettenreaktion eine Vielzahl von Assoziationen aus, die wir mit diesem verbinden. Die Fähigkeit, ein Wort nicht nur in dem Sinne zu verstehen, wie es in der betreffenden Situation gemeint ist, sondern auch mit all seinen Nebenbedeutungen, ist eine entscheidende Voraussetzung der Schlagfertigkeit. Schreiben Sie also jetzt zehn Begriffe auf; am besten wählen Sie Wörter, die Sie häufig benutzen, oder Begriffe aus Ihrem Alltag.

   Finden Sie nun zu jedem dieser Begriffe zehn Wörter, die das Original zu ersetzen vermögen. Nehmen wir an, auf Ihrer Liste steht das Wort »rot« – welche Assoziationen fallen Ihnen dazu ein? Hier einige Denkanstöße: Leidenschaft, Erotik, Kommunismus, Rose, mein Lieblingskleid, Feuerwehr, Blut, flammende Wut (»rot sehen«), Abneigung (»Er ist ein rotes Tuch für mich«), Trauer (»rot verweinte Augen«) ... Werfen Sie nicht gleich die Flinte ins Korn, wenn die Ideen nicht auf Anhieb sprudeln, sondern lassen Sie entspannt und mit spielerischer Neugierde Ihre Gedanken schweifen – Sie werden sehen, dass sich die Assoziationen bald ganz von selbst einstellen.

2. Mit Hilfe dieser vergnüglichen Übung werden Sie lernen, Wörter, die scheinbar nichts miteinander zu tun haben, in einen sinnvollen Bezug zueinander zu setzen. Dadurch erweitern Sie zum einen Ihr Assoziationsvermögen, zum anderen trainieren Sie die Fähigkeit, schnell verbal zu reagieren.

Nehmen Sie ein Wörterbuch oder ein einbändiges Lexikon zur Hand. Schließen Sie die Augen. Schlagen Sie das Buch an einer x-beliebigen Stelle auf und legen Sie Ihren Zeigefinger irgendwo auf die Seite. Öffnen Sie die Augen und schreiben Sie das Wort, auf das Ihr Finger deutet, auf ein Blatt Papier. Wiederholen Sie das Ganze noch sechsmal, so dass am Ende sieben Wörter auf Ihrem Zettel stehen. Falls Sie die Bedeutung eines Worts nicht kennen, nehmen Sie ein anderes.

Schreiben Sie nun eine kurze Geschichte, die sämtliche sieben Wörter enthält. Es macht nichts, wenn sie Ihnen banal erscheint – wichtig ist, dass sich ein einigermaßen sinnvoller Bezug ergibt. Dass das sogar mit so schwierigen Wörtern wie *Arkansas, fingieren, liberal, murksen, Mehrwertsteuer, pfälzisch* oder *Stuhl* funktioniert, zeigt folgendes Beispiel: *Der Schreiner hat an meinem **Stuhl**, den er reparieren sollte, bloß herumge**murkst**. Solange ich auf diesem wackligen Ding sitzen muss, macht es erst recht keinen Spaß, Zeitung zu lesen: »Die **pfälzischen Liberalen** wollen die **Mehrwertsteuer** erhöhen.« Als ob das Leben nicht schon teuer genug wäre! Ob ich einen Umzug nach **Arkansas fingieren** sollte? Dann bräuchte ich hier keine Steuern mehr zu zahlen.*

Wenn Sie Lust haben, wandeln Sie die Geschichte nun – unter Beibehaltung der sieben Wörter – ab: Machen Sie erst eine Schnulze, dann einen Krimi und schließlich eine Nachricht daraus.

3. Die folgende Übung hilft Ihnen, Ihren Humor wachzukitzeln. Vielleicht kennen Sie jene Postkartenserie, auf der uralte Fotografien mit einer witzigen Überschrift kombiniert sind. Dasselbe tun Sie jetzt auch: Suchen Sie sich zehn ungewöhnliche Fotos – aus Ihren eigenen Fotoalben oder aus Zeitungen, Zeitschriften etc. – und versehen Sie sie mit einem witzigen Kommentar. So könnte die Bildunterschrift zum Cover dieses Buchs beispielsweise lauten: »Seit ich Meister Proper trinke, ist Hausarbeit überhaupt kein Problem mehr für mich!«

4. Diese Übung verfolgt dasselbe Ziel wie die vorangegangene, trainiert aber noch stärker Ihr bildhaftes Vorstellungsvermögen, das aufs engste mit dem Sprachvermögen verknüpft ist. Entwerfen Sie zehn Cartoons und versehen Sie sie mit witzigen Bildunterschriften. Sie können nicht zeichnen? Kein Problem, wie das folgende Beispiel zeigt:

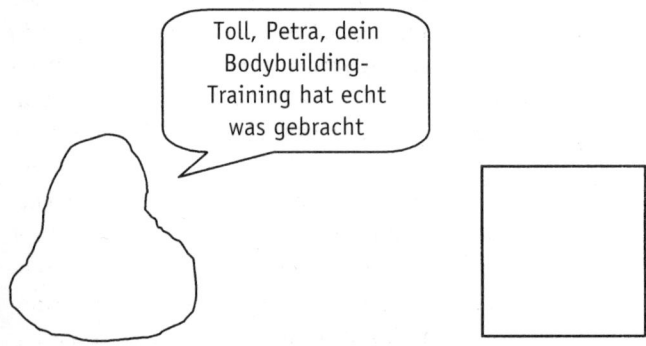

5. Erfinden Sie zwanzig Wortspiele nach folgendem »Strickmuster«: »*Du willst mir doch wohl nicht erzählen, dass du den Schwertkampf verloren hast, Siegfried!*«, sagte Kriemhild scharf. Oder: »*Schon ein halbes Jahr im Fass*«, stellte das

Kraut sauer fest. Oder: *»Mein Friseur ist super«, sagte sie lo-ckend.* Oder: *»Nie wieder Migräne!«, jubelte Ludwig XVI. kopf-los.* Oder: *»Mein Bruder und ich waren siamesische Zwillin-ge«, bekannte er halbherzig.* Wie Sie sehen, entsteht der Witz dadurch, dass das Eigenschaftswort eine Beziehung zur be-treffenden Aussage herstellt: Das Schwert ist *scharf*, im Fass befindet sich *Sauer*kraut, der Friseur macht *Locken*, Ludwig XVI. wurde *geköpft*, der ehemalige siamesische Zwilling be-sitzt nach der Trennungsoperation nur noch ein *halbes Herz*.

Um Ihnen den Einstieg zu erleichtern, hier zwei Beispiele zum Ergänzen: *»Du bist ja schon wieder blau«, sagte ...* und *»...«, beharrte ... störrisch.*

Diese Übung trainiert Ihre Fähigkeit, mit der Vieldeutig-keit von Wörtern zu spielen. Sie kommt Ihnen bei all jenen schlagfertigen Kontern zupass, die auf absichtlich herbei-geführten Missverständnissen beruhen.

6. Ironie ist eine sehr elegante Spielart der Schlagfertigkeit. Wenn Sie ironisch werden, begeben Sie sich immer auf eine höhere Ebene als Ihr Gegenüber und verlassen somit das »Kampfgetümmel« der unmittelbaren Konfrontation. Hin-ter scheinbarem Ernst verstecken Sie Ihren Spott und neh-men dem Gesprächspartner dadurch den Wind aus den Se-geln. Denn er muss erst mal überlegen, wie Sie Ihre Aussage eigentlich gemeint haben, bevor er (oder sie) wei-tergiften kann. Ich habe oben schon das Beispiel von der Kollegin angeführt, die sich – zu Unrecht – als Expertin in Kleidungsfragen aufspielt; ein weiteres Beispiel wäre, wenn Sie einem muffligen Kellner mit Ihrem charmantes-ten Lächeln entgegnen: »Ich finde es wunderbar, wie freundlich und zuvorkommend Sie Ihre Gäste behandeln!«

Üben Sie also, ironische Aussagen zu machen, indem Sie ganz alltägliche Situationen mit dem Gegenteil dessen beschreiben, was in Wirklichkeit geschieht. Zum Beispiel könnte auf der morgendlichen Fahrt zur Arbeit Ihr ironischer Kommentar zur proppenvollen U-Bahn lauten: »Ich *liebe* es, wenn ich freie Platzwahl habe!« Oder wenn Sie abends nach Hause kommen und Ihr Partner schlecht gelaunt ist: »Schön, dass man nach einem anstrengenden Arbeitstag von einem fröhlichen Gesicht begrüßt wird.«

Machen Sie diese Übung ungefähr eine Woche lang täglich und Sie werden sehen, dass Ironie Ihnen gewissermaßen zur zweiten Natur wird.

7. Auch Übertreibungen sind ein sehr wirksames Instrument der Schlagfertigkeit; die Strategie folgt dem Prinzip asiatischer Kampfsportarten: Sie greifen die Wucht des Angreifers auf und nutzen die Kraft des Kontrahenten, um ihn schachmatt zu setzen. Mit Hilfe der folgenden Übung lernen Sie, wie Übertreibungen funktionieren.

   Schreiben Sie zwanzig einfache Aussagen auf, in der Art von »Draußen scheint die Sonne« oder »Ich habe zu Mittag Spaghetti gegessen«. Erfinden Sie nun zu jeder dieser Aussagen mindestens eine, am besten mehrere Übertreibungen. Beginnen Sie mit einer einfachen Übertreibung, zum Beispiel »Draußen ist es sengend heiß«, und steigern Sie die Aussage bis ins Groteske, beispielsweise: »Die Sonne sticht dermaßen, dass man auf dem Gehsteig Spiegeleier braten könnte.« Oder: »Ich habe heute einen Berg Spaghetti gegessen, so groß wie der Vesuv.«

8. Diese Übung ist eine Erweiterung der vorigen und hilft Ihnen, einen Einstieg in die konkreten Auseinandersetzungen des Alltags zu finden, indem Sie die mehr oder minder bösartige Aussage Ihres Gesprächspartners aufgreifen und absurd übersteigern. Wenn Sie nämlich einen Spruch wie »Dein Haarschnitt sieht aus, als sei deine Friseurin besoffen gewesen« mit der Antwort kontern: »Falsch, ich habe meine Haare selbst geschnitten, und zwar mit der Heckensche-

re!«, wird dem Angreifer erst mal nichts mehr einfallen. Schreiben Sie also jetzt die folgenden zehn Aussagen ab und erfinden Sie übersteigerte Repliken auf sie:

- Dieses Kostüm hast du wohl vom Wühltisch!
- Du siehst müde aus, hast dir wohl die Nacht um die Ohren geschlagen?
- Was ist denn mit deinen Haaren los, bist du in einen Eimer mit roter Farbe gefallen?
- Hier sieht's aus, als hätte eine Bombe eingeschlagen!
- Mit deiner Intelligenz ist es ja nicht weit her, du hast wohl nur die Grundschule besucht?
- Wie peinlich, Sie haben da einen Fehler in Ihrem Text!
- Du bist schon wieder zu spät gekommen!
- Sie sind ja ziemlich klein geraten.
- Du kochst genauso schlecht wie deine Mutter.

Beispiele für mögliche Antworten finden Sie am Ende dieses Kapitels – aber schlagen Sie bitte erst nach, wenn Sie zumindest einige Konter selbst kreiert haben!

9. Mit Hilfe der folgenden dreiteiligen Übung trainieren Sie die Fähigkeit, nicht Zusammengehörendes zu einem witzigen Spruch zu verbinden. Schreiben Sie zwanzig Sprichwörter auf, zum Beispiel »Jeder ist seines Glückes Schmied«, »Man soll den Tag nicht vor dem Abend loben« etc.

Kombinieren Sie nun verschiedene Sprichwörter zu neuen Aussagen, in der Art von »Wer andern eine Grube gräbt, ist seines Glückes Schmied«, »Man soll den Tag loben, wenn es am besten schmeckt« oder »In der Not frisst der Teufel die Taube auf dem Dach«.

Der zweite Teil der Übung besteht darin, die einzelnen Sprichwörter kreativ abzuwandeln, zum Beispiel »Morgenstund hat Blei im Arsch«, »Wer im Schlachthaus sitzt, soll nicht mit Schweinen werfen«, »Die Axt im Haus erspart den Zahnarzt« und so weiter.

Kreieren Sie zum Abschluss der Übung mit Hilfe der Sprichwörter coole Sprüche, indem Sie den Vergleich »lieber ... als« oder »besser ... als« verwenden. Zum Beispiel könnte aus dem Sprichwort »Betteln ist besser als stehlen« der Spruch »Lieber gut geschnorrt als schlecht gebettelt« werden oder aus den Sprichwörtern »Neue Besen kehren gut« und »Kleider machen Leute« die Sentenz »Lieber gut gekleidete Besen als schlecht gekehrte Leute«. Dass bei diesem fröhlichen Kombinationsspiel häufig kompletter Unsinn herauskommt, macht gar nichts. Im Gegenteil: Wenn Sie einen miesen Spruch mit derartigem Blödsinn kontern, wird Ihr Gegenüber ziemlich dumm aus der Wäsche gucken – und Sie haben Zeit gewonnen, sich Ihr weiteres Vorgehen zu überlegen.

Achten Sie in den folgenden Tagen auf dumme Sprüche, die Ihnen selbst oder anderen an den Kopf geworfen werden, und üben Sie, blitzschnell eine »Lieber ... als«-Replik zu erfinden. Sobald es Ihnen beispielsweise gelingt, den Vorwurf, Sie hätten einen Fehler gemacht, mit »Lieber Fehler machen als untätig rumlungern« zu beantworten, sind Sie dem Ziel Schlagfertigkeit schon einen Riesenschritt näher gekommen.

10. Die folgende Übung ist eine Weiterführung von Übung 9. Hier trainieren Sie, absichtlich Missverständnisse herbeizuführen, um Ihr Gegenüber zu verwirren. Mit Hilfe dieser Taktik gewinnen Sie zumindest Zeit, wenn Sie dem Angreifer nicht ohnehin die Lust am Weiternörgeln nehmen. Missverständnisse führen Sie herbei, indem Sie auch hier wieder die Mehrfachbedeutung von Wörtern nutzen. Wenn Sie beispielsweise keine Lust haben, sich am Gestichel über eine Kollegin zu beteiligen, könnten Sie auf die Frage »Wie findest du Frau Müllers neues Kleid?« einfach antworten: »Bei Karstadt, nehme ich an.« In diesem Fall

nutzen Sie elegant die Doppelbedeutung des Wortes *finden* aus, nämlich »auffinden« und »beurteilen«.

Schreiben Sie jetzt so viele »Teekessel«, also Wörter mit Doppelbedeutung, auf, wie Ihnen einfallen, mindestens aber zehn. Hier nur ein paar Beispiele als Anregung und Ansporn:

- passen – sich eignen, angemessen sein; recht sein, gefallen (»Das passt mir nicht!« – »Dann solltest du deine Klamotten eine Nummer größer kaufen.«)
- warten – warten auf jemanden oder etwas; eine Maschine pflegen
- schlafen – ruhen; Sex haben
- lieben – für jemanden Liebe empfinden; etwas mögen oder gern tun (»Ich bin eine Hundeliebhaberin!« – »Ich mag lieber Männer.«)

Achten Sie in der nächsten Zeit auf Formulierungen Ihrer Mitmenschen, die Sie absichtlich missverstehen könnten, und üben Sie, witzige Antworten darauf zu erfinden. Wenn Sie dies in harmlosen, unverfänglichen Situationen trainieren, werden Sie feststellen, dass Ihnen diese Fähigkeit bald auch in kritischer Lage spontan zur Verfügung steht.

11. Eine Aussage ad absurdum zu führen ist die hohe Kunst des spielerischen Umgangs mit Wörtern, durch die wir andere Menschen verblüffen und tief beeindrucken können. Voraussetzung hierfür ist die voll ausgebildete Fähigkeit, frei zu assoziieren und die Doppel- und Mehrfachbedeutung von Wörtern zu erkennen. Filmboss Sam Goldwyn prägte beispielsweise den Satz: »Mündliche Verträge sind das Papier nicht wert, auf dem sie geschrieben stehen.«

Das Wort *absurd* bedeutet »abwegig« oder »widersinnig«, und wenn Sie eine absurde Antwort geben wollen, müssen Sie sich folglich »auf Abwege« begeben: Verlassen Sie die Sphäre dessen, was im Augenblick konkret gemeint ist, und beginnen Sie mit der Situation beziehungsweise der Aussage Ihres Gesprächspartners zu spielen. Mussten Sie etwa eine Niederlage bei Verhandlungen mit Geschäftspartnern einstecken, können Sie sie Ihrem Chef wenigstens mit Humor beibringen: »Am Ende hatten wir sie genau da, wo sie uns haben wollten.«

Schärfen Sie Ihren Sinn für Absurditäten und üben Sie, fröhlichen Missbrauch mit Wörten zu treiben, indem Sie nicht Zusammengehörendes zueinander in Bezug setzen. Erstellen Sie nun wieder eine Liste mit zehn Wörtern. Mit jedem dieser Wörter werden Sie eine absurde Aussage kreieren. Am besten funktioniert das mit der Methode des *mind mapping*, bei der Sie eine Art Landkarte Ihrer Assoziationen herstellen. Nehmen wir zum Beispiel an, einer Ihrer Begriffe sei »Zahnbürste« – was fällt Ihnen dazu ein?

Die absurde Aussage könnte lauten: »Wer dreimal täglich Zähne putzt, braucht noch lange keine weiße Weste zu haben.« Absurd ist der Satz deshalb, weil körperliche Hygiene (Zähne putzen) nichts mit moralischer Untadeligkeit (weiße Weste) zu tun hat. Dennoch ergibt er einen Sinn, denn anders formuliert lautet die Aussage: »Ein gepflegtes Äußeres lässt keinerlei Rückschlüsse auf die Moral eines Menschen zu.«

Wie gesagt, ist das Kreieren von Absurditäten die hohe Schule des schöpferischen Umgangs mit Sprache. Lassen Sie sich deshalb nicht gleich entmutigen, wenn Ihnen nicht aus dem Stegreif zehn absurde Aussagen einfallen. Betrachten Sie diese Übung als Spiel und gönnen Sie sich so oft wie möglich das Vergnügen – Sie werden sehen, dass es von Mal zu Mal besser und schneller klappt. Darüber hinaus erweitern die »Gehirnlandkarten« Ihr Sprachvermögen in erheblichem Maß und trainieren somit Ihre allgemeine Fähigkeit, schlagfertig zu reagieren.

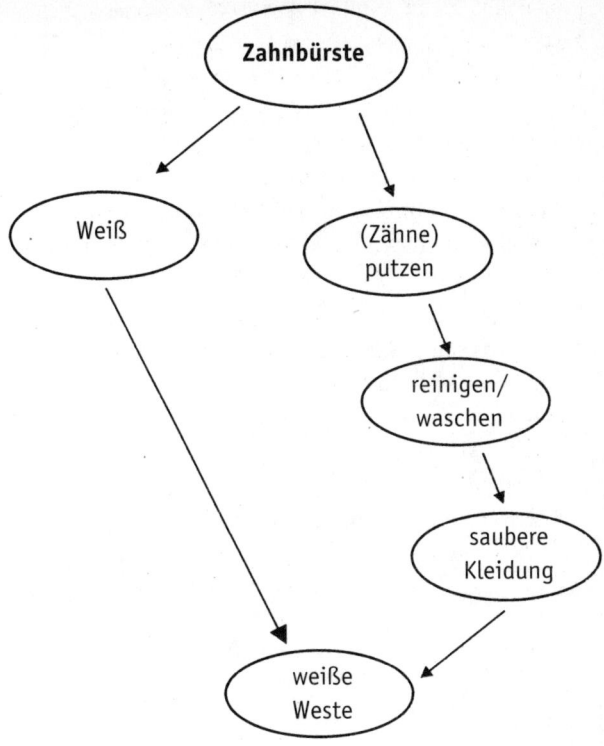

Beispiel einer »Gehirnlandkarte« zum Begriff »Zahnbürste«

12. Zeichnen Sie auf Video eine Folge einer Comedyserie auf, die Sie besonders witzig finden. Spielen Sie das Band ab und versuchen Sie herauszufinden, wodurch die Komik entsteht. Wird grotesk übertrieben? Spielt der Dialog mit der Doppelbedeutung von Wörtern, also mit absichtlichen Missverständnissen? Werden absurde Antworten gegeben? Welche Gags beruhen nicht auf sprachlichem Schlagabtausch, sondern auf nonverbalen Gesten?

Auf diese Weise schärfen Sie Ihr Bewusstsein für die vielfältigen Spielarten der Schlagfertigkeit. Wenn Ihnen ein Spruch besonders gut gefällt, lernen Sie ihn auswendig. Aber greifen Sie nur das auf, was Sie auch wirklich in Ihrem eigenen Leben anwenden können, und hüten Sie sich vor der Versuchung, zum »Papagei« zu werden, der nur Auswendiggelerntes aufsagt – die wahre Quelle der Schlagfertigkeit sprudelt in *Ihnen*!

13. Schauen Sie sich Ihre Übungsblätter durch – sicherlich haben Sie das eine oder andere Bonmot, den einen oder anderen schlagfertigen Spruch kreiert, der es wert ist, aufgehoben zu werden. Besorgen sie sich deshalb ein Büchlein oder Heft, in das Sie Ihre besten Sprachschöpfungen notieren. Führen Sie sich Ihre ganz persönliche Hitliste von Zeit zu Zeit zu Gemüte, damit Sie Ihre selbst erfundenen Gags nicht vergessen. Wenn Sie mögen, können Sie auch Aussprüche anderer, die Sie besonders gelungen finden, hier zu Papier bringen, um sie in Erinnerung zu behalten.

Schlagfertige Antworten zu Übung 8:
- *Dieses Kostüm hast du wohl vom Wühltisch!* – Ja, von dem bei Escada.
- *Du siehst müde aus, hast dir wohl die Nacht um die Ohren geschlagen?* – Ich habe seit Weihnachten kein Auge mehr zugetan!
- *Was ist denn mit deinen Haaren los, bist du in einen Eimer mit roter Farbe gefallen?* – Nein, ins Rote Meer. *Oder:* Ich habe eine feuchte Wohnung und setze Rost an.
- *Hier sieht's aus, als hätte eine Bombe eingeschlagen!* – Falsch, ich bin eine steckbrieflich gesuchte Terroristin und die Polizei hat meine Wohnung durchwühlt. *Oder:* Ja, ich wollte den Laden endlich hochgehen lassen.

- *Mit deiner Intelligenz ist es ja nicht weit her, du hast wohl nur die Grundschule besucht?* – Ja, dreizehn Jahre lang!
- *Wie peinlich, Sie haben da einen Fehler in Ihrem Text!* – Sie irren, dies hier ist richtig, der Rest ist falsch!
- *Du bist schon wieder zu spät gekommen!* – Spät, aber gewaltig!
- *Sie sind ja ziemlich klein geraten.* – Wie kommen Sie darauf? Niemand ist größer als ich, höchstens länger!
- *Du kochst genauso schlecht wie deine Mutter.* – Hast du eine Ahnung! Ich koche so gut wie mein Vater!

»Mit mir nicht!« –
Zeigen Sie sich selbstbewusst

Kommt Ihnen die folgende Situation bekannt vor? Der Chef erzählt einen Blondinenwitz und alle lachen. Auch Sie, obwohl Sie den Witz geschmacklos finden und sich in Ihrer weiblichen Würde verletzt fühlen. Aber schließlich wollen Sie sich beim Chef nicht in die Nesseln setzen und unter den Kollegen nicht als »humorlos und verbiestert« gelten ... Doch wie wäre es, wenn Sie die Anekdote des Chefs mit einem Männerwitz parierten? »Ach ja, da kenn ich auch noch einen: Was ist der Unterschied zwischen Männern und Chappi? Keine Ahnung? Na, ganz einfach – Chappi gibt's auch mit Hirn!« Mit Charme und Selbstbewusstsein präsentiert, werden Unverschämtheiten zum geistreichen Schlagabtausch, bei dem Sie elegant punkten können.

Sie müssen sich also entscheiden: Wollen Sie *everybody's darling* sein oder doch lieber Sie selbst? Wollen Sie sich selbst die Treue halten oder Ihre eigene Persönlichkeit vor lauter Loyalität und Zuvorkommenheit bis zur Unkenntlichkeit verbiegen? Wenn Sie es nicht wagen, selbstbewusst aufzutreten, weil Sie um keinen Preis anecken und es allen recht machen möchten, laufen Sie Gefahr, bald nicht mehr zu wissen, wer Sie wirklich sind und was Sie eigentlich wollen.

Natürlich gehört Mut dazu, sich zu seinen wahren Anschauungen und Gefühlen zu bekennen – und viele halten es für bequemer, im großen Strom mitzuschwimmen, statt ein eigenes, unverwechselbares Profil zu entwickeln und zu jenen Ecken und Kanten zu stehen, die eine ausgeprägte Persönlichkeit nun mal ausmachen. Doch als souveräne Zicke wollen Sie schlagfertig Kontra geben und das setzt voraus, dass Sie sich auch nach außen hin so selbstbewusst zeigen, wie Sie sich innerlich fühlen. Glücklicherweise kann frau selbstbewusstes Auftreten trainieren, wie Sie im Folgenden sehen werden.

Werden Sie sich Ihrer Einzigartigkeit bewusst

Der erste Schritt zu selbstbewusstem Auftreten besteht darin, sich klar zu machen, *wer* Sie eigentlich sind. Erkennen Sie Ihre Einzigartigkeit an: Es hat niemals einen Menschen gegeben wie Sie und es wird auch niemals wieder einen solchen Menschen geben. Niemand besaß oder besitzt Ihre individuelle Mischung von Charaktereigenschaften, von Schwächen, Fehlern und Mängeln, aber auch von Vorzügen, Qualitäten, Talenten und Fähigkeiten. Machen Sie das Beste draus!

Wenn Sie ein gesundes Selbstbewusstsein besitzen, erkennen Sie Ihre eigene Besonderheit an, ohne sich deshalb für etwas Besonderes, für »besser« als andere Menschen zu halten und auf sie herabzublicken. Denn Sie wissen, dass all Ihre Mitmenschen genauso einzigartig sind wie Sie. Daher können Sie ihnen »von gleich zu gleich« begegnen: Sie müssen sich anderen gegenüber nicht aufspielen, andererseits erstarren Sie aber auch nicht in Ehrfurcht vor irgendwelchen Mitmenschen, weil Sie sie als in irgendeiner Weise »höher stehend« betrachten.

Bringen Sie sich selbst Respekt entgegen

Die zweite Schritt zu gesundem Selbstbewusstsein besteht darin, von Ihrem Wert und Können nicht nur im Stillen überzeugt zu sein, sondern Ihre Überzeugung auch nach außen hin angemessen darzustellen. Viele Menschen glauben, ihr Wert hinge von äußerlichen Dingen wie Aussehen, Leistung und

Erfolg oder Anerkennung durch andere ab. Befreien Sie sich von dieser Idee! Denn Ihren Wert bestimmen einzig und allein Sie selbst (siehe Übung 1, S. 38). Sobald Sie die Entscheidung treffen, sich selbst als wertvoll und liebenswert zu betrachten, strahlen Sie dies auch nach außen aus – Ihre Mitmenschen werden Ihre Einschätzung teilen und Ihnen mit Achtung begegnen. Wenn Sie mir nicht glauben, sehen Sie sich mal in Ihrem Bekanntenkreis um: Wer gilt als besonders liebenswert – diejenige, die sich ständig »aufopfert« und dafür von Ihnen hören möchte, dass sie »ein wertvoller Mensch« sei, oder diejenige, die ganz natürlich und ungekünstelt sie selbst ist?

Machen Sie es sich darüber hinaus zur lieben Gewohnheit, sich selbst ausdrücklich zu loben. Zwar neigen Frauen dazu, ihr Können und ihre Qualitäten herunterzuspielen, und finden es eher peinlich, mit ihren Erfolgen zu protzen. Doch im Job sollten Sie gerade dieses Feld nicht einfach Ihren männlichen Kollegen überlassen: Selbstdarstellung spielt eine wichtige Rolle beim Erklimmen der Karriereleiter!

Verabschieden Sie sich von der – gerade unter Frauen weit verbreiteten – Verhaltensweise, Ihre Leistung als »ganz normal« herunterzuspielen oder gar ständig an sich herumzukritisieren. Sie werden feststellen, dass Ihr Selbstvertrauen wächst und mit ihm der Mut, sich schlagfertig durchzusetzen und freche Konter zielsicher zu platzieren.

Frechheit siegt!

Überwinden Sie deshalb Ihre Ängste und das anerzogene Brave-Mädchen-Verhalten und leben Sie ab jetzt nach dem Motto: Frechheit siegt!

Wie die eingangs geschilderte Situation mit dem Blondinen-versus Männerwitz zeigt, brauchen Sie niemandem Unverschämtheiten an den Kopf zu werfen – Charme und Chuzpe reichen völlig aus. Der Lohn der Frechheit: Der Chef nimmt Sie wahr – als selbstbewusste Frau, die den Eindruck macht, als könnte man ihr verantwortungsvolle (und karrierefördernde) Aufgaben übertragen.

Selbstbewusst mit Kritik umgehen

Es zählt zu den »typisch weiblichen« Verhaltensweisen, auf einen Fehler oder ein Versäumnis mit Schuldgefühlen zu reagieren. Doch ebendas ist der größte Fehler, den frau machen kann! Denn Schuldgefühle sind keineswegs »ehrenhaft« oder auch nur angemessen, sondern in höchstem Maße kontraproduktiv – frau verwendet ihre gesamte Energie für die Selbstzerfleischung, statt sich darum zu kümmern, den Fehler auszubügeln oder zumindest Schadensbegrenzung zu betreiben. Womöglich fällt sie sogar ihren Mitmenschen auf die Nerven, indem sie wieder und wieder ihre Story erzählt und ihre tiefe Zerknirschung kundtut, in der Hoffnung, irgendjemand werde ihr Absolution erteilen.

Statt sich durch bittere Vorwürfe selbst schachmatt zu setzen, führen Sie sich vor Augen, dass Sie den Fehler nicht *absichtlich* begangen haben. Und selbst wenn Sie geschlampt oder etwas übersehen haben, ist das kein Grund, sich für den wertlosesten Menschen der Welt zu halten – Fehler passieren nun mal, einfach deshalb, weil niemand vollkommen ist! »Shit happens«, sagen die Amerikaner lakonisch und Recht haben sie.

Äußert also jemand berechtigte Kritik an Ihnen, dann achten Sie darauf, dass dies in sachlichem Ton geschieht. Angriffe wie »So eine dämliche Assistentin habe ich überhaupt noch nie erlebt!« *müssen* Sie entschieden zurückweisen. In einem derartigen Fall könnten Sie beispielsweise erwidern: »Es stimmt, dass ich den Kunden versehentlich falsch informiert habe, und ich bedaure das sehr. Aber diesen Ton verbitte ich mir. Ich erwarte von Ihnen, dass Sie sich entschuldigen!« Dadurch zeigen Sie Selbstbewusstsein und signalisieren Ihrem Chef, dass er Sie mit Respekt zu behandeln hat.

Auch wenn die oder der Betreffende Grund hat, Ihnen streitbar zu begegnen, dürfen Sie sich unsachliche Kritik nicht gefallen lassen. Vielleicht haben Sie beim Aufräumen Ihrer überquellenden Festplatte eine drei Jahre alte Datei gelöscht, weil Sie davon ausgingen, sie werde nicht mehr gebraucht. Und dann kommt Ihr Chef und will genau *dieses* Dokument haben, um es in ein neues Schriftstück einzuarbeiten. Doch sein Geschrei nützt nichts, die Datei ist futsch. Zweifelsohne ist die Situation höchst unangenehm, aber das bedeutet keineswegs, dass Sie kuschen und die Ausfälligkeiten Ihres Vorgesetzten stillschweigend erdulden müssten. Denken Sie daran: Sie sind eine souveräne Zicke! Sie haben aus bester Absicht gehandelt, Sie haben keine Kompetenzen überschritten (es gehört zu Ihren Aufgaben, dafür zu sorgen, dass Ihr Rechner nicht mit überflüssigem Krempel voll gestopft ist) und diese Entwicklung war für Sie einfach nicht abzusehen. Ganz gleich, was der Chef Ihnen an den Kopf wirft: Ziehen Sie sich den Schuh nicht an, sondern lieber Ihren »Zaubermantel« (siehe Übung 9, S. 42). Sie wissen, dass Sie weder unfähig noch dumm, noch selbstherrlich sind, also brauchen Sie sich auf eine Auseinandersetzung nicht einzulassen, denn über Tatsachen streitet man (frau) nicht. Es genügt eine schlichte sachliche Feststellung, die seinen *Zustand* (nicht das Gesagte!) auf den Punkt bringt: »Sie sind im Moment sehr aufgebracht.« Damit zeigen Sie dem Chef, dass Sie überhaupt nicht daran denken, irgendeinen seiner wutenbrannten Angriffe auf *sich* zu beziehen. Wenn Sie Glück haben, wird er nun verdutzt innehalten und sich auf seine gute Erziehung besinnen. Haben Sie es mit einem veritablen Choleriker zu tun, lassen Sie ihn weitertoben, bis ihm die Luft ausgeht – und schalten Sie so lange »auf Durchzug«.

Wichtig ist, dass Sie sich nicht in seine Emotionen verwickeln lassen: Versuchen Sie nicht, ihn zu beruhigen (das wird Ihnen nicht gelingen, denn er *will* seinem Zorn ja Luft machen), verlegen Sie sich nicht aufs Argumentieren (»Wenn ich gewusst hätte ...«), liefern Sie keine Erklärungen (»Ich wollte doch bloß ...«). Konzentrieren Sie sich stattdessen darauf, in sich selbst zentriert zu bleiben. Oder verlassen Sie souverän das Zimmer: »Das muss ich mir nicht anhören – ich komme in einer Viertelstunde wieder.« In der Zwischenzeit können Sie sich konstruktive Vorschläge überlegen.

Widerstehen Sie der Versuchung, sich zu rechtfertigen: *Warum* Ihnen der Fehler passiert oder das Versäumnis unterlaufen ist, interessiert niemanden – geschehen ist nun mal geschehen. Versucht Ihr Gegenüber, Sie mit dem Vorwurf »Sie hätten doch wissen müssen, dass ...« aus der Fassung zu bringen, lassen Sie sich gar nicht erst auf eine Diskussion ein. Denn zum einen kann *niemand* die Zukunft vorhersehen (nicht mal Ihr Vorgesetzter, selbst wenn er sich das einbildet) und zum anderen haben Sie den entscheidenden Faktor nicht *vorsätzlich* außer Acht gelassen, sondern deshalb, weil Sie sich auf *anderes* konzentriert haben. Mit eigenen Fehlern konfrontiert zu werden ist unangenehm, aber kein Grund, demütig im Staube zu kriechen!

Vom Umgang mit Psychoterroristen und Mini-Napoleons

Manche Zeitgenossen überfahren uns mit einem »Hoppla, jetzt komm ich«-Verhalten, das ausgeprägtes Selbstbewusstsein suggerieren will. In Wirklichkeit besitzen diese Menschen jedoch kein echtes Selbstbewusstsein, sie treten nur die Flucht nach vorne an: Aus Angst, übersehen, übergangen oder übervorteilt zu werden, walzen sie alles nieder, was ihnen in den Weg kommt. Nach dem Motto: Erst schießen, dann nachsehen, wen die Kugel eigentlich niedergestreckt hat ...

Sie wissen und können grundsätzlich alles besser und sparen nicht mit harscher Kritik an allem und jedem, weil sie glauben, dadurch selbst in umso strahlenderem Licht zu erscheinen. Formulierungen wie »Was weißt du denn schon?!«, »Lass mich das machen, ich kann das besser« oder auch »Was haben Sie sich denn da schon wieder geleistet!« sind typisch für Menschen, die mangelndes Selbstbewusstsein durch besonders angriffslustiges Auftreten zu kaschieren suchen. An diese Unverbesserlichen sollten Sie Ihr schlagfertiges Talent nicht verschwenden, hier genügt ein einfaches »Ach, ja?« oder »So, so« oder »Wenn du meinst ...«, um ihnen den Wind aus den Segeln zu nehmen. Und dann kehren Sie dem Angreifer einfach den Rücken.

Daneben gibt es Menschen, die auf subtile Art Terror ausüben, und zwar mit der Androhung von schlechter Laune und/oder von lautstarken Wutanfällen. Da wir uns alle gern in entspannter Atmosphäre bewegen und es nicht mögen, wenn dicke Luft herrscht, bringen diese Mini-Napoleons uns dazu, ständig ängstlich nach ihnen zu schielen, um herauszufinden, wo ihr Stimmungsbarometer gerade steht. Besonders unangenehm wirkt sich dieses Verhalten aus, wenn es ein Vorgesetzter an den Tag legt, aber auch Kolleginnen und Kollegen oder Familienmitglieder können durch Terror die Atmosphäre vergiften. Die Mittel sind immer die gleichen. Sehr beliebt ist die Verweigerung unmittelbarer Kommunikation, das heißt, Kritikpunkte werden nicht konkret benannt, sondern in bewusst schwammig gehaltene Formulierungen verpackt, wie »Sie sind wirklich nicht besonders intelligent, meine Liebe« oder

»Ich habe nichts Besseres von dir erwartet«. Die Adressatin weiß nicht, was ihr konkret vorgeworfen wird, und da sie ihr Gegenüber nicht noch mehr verärgern möchte, wagt sie auch nicht nachzufragen. Ein weiteres Mittel ist die Herabsetzung, die auf indirekte Weise geschieht, etwa durch ungeduldige Seufzer, resigniertes Achselzucken, missbilligende Blicke oder aber durch diskreditierende Äußerungen gegenüber Dritten, obwohl die betroffene Person sich im Raum befindet (»Die Bürkle hat schon wieder eine Akte verschlampt, die ist doch wirklich *zu* blöd«).

Es ist eine gehörige Portion Selbstbewusstsein vonnöten, um sich gegen Westentaschendespoten durchzusetzen. Die erste und wichtigste Maßnahme besteht darin, sich nicht auf das vom Terroristen beabsichtigte zwischenmenschliche »Tauziehen« einzulassen. Sobald Sie verstanden haben, dass der Betreffende den Terror keineswegs veranstaltet, weil Sie sich tatsächlich etwas zuschulden kommen ließen oder mangelhaft arbeiten, sondern einzig und allein, um sein armseliges kleines Ego aufzuplustern, können Sie seine »Spielchen« entschieden zurückweisen. Beziehen Sie seine Stimmungen nicht länger auf sich und ignorieren Sie seine Attacken. (Mit innerer Distanz betrachtet, ist sein aufgeblasenes Gehabe sogar höchst komisch – denken Sie an Charlie Chaplin als *Großer Diktator*.)

Wenn er Ihnen gegenüber wieder mal einen seiner abfälligen Sprüche vom Stapel lässt, haken Sie gezielt nach, was er eigentlich genau meint. Am besten formulieren Sie seinen Angriff selbstbewusst um: Machen Sie aus seinem »Sie sind doch wirklich *zu* blöd« ein »Verstehe ich Sie recht, Sie wollen sagen, meine geistigen Fähigkeiten reichen nicht aus, um diesen Job zu bewältigen?«. Damit drehen Sie zum einen den Spieß um – es sieht nun so aus, als sei *er* nicht in der Lage, sich klar und deutlich auszudrücken –, zum anderen ist er gezwungen, Stellung zu beziehen. Da es ihm jedoch nur darum ging, Sie als Ventil für seine schlechte Laune zu benutzen, wird er höchstwahrscheinlich keine konkrete Kritik äußern können – ein Punktsieg für Sie! Und wenn er auch nur einen Rest von Anstand besitzt, wird es ihm zudem peinlich sein, sich mit seinem eigenen schlechten Benehmen konfrontiert zu sehen. (Mehr zum schlagfertigen Umgang mit Unverschämtheiten finden Sie im Kapitel *»Auf sie mit Gebrüll« – Der Angriff*.)

Der Angreifer hat ein Problem – nicht Sie

Gesundes Selbstbewusstseins fußt nicht zuletzt auf der Erkenntnis, dass jedwedes Urteil kaum etwas über Sie als Mensch und Ihre Persönlichkeit aussagt, sehr viel hingegen über die Sprecherin beziehungsweise den Sprecher.

Wirft Ihnen beispielsweise jemand vor: »Du bist mir zu chaotisch!«, heißt das nur, dass Unordnung dem Angreifer aufgrund seiner besonderen Persönlichkeitsstruktur ein Gräuel ist – ein anderer Mensch hingegen mag Ihre Spontaneität, Ihr kreatives Chaos für einen Ihrer schönsten Charakterzüge halten. Wichtig ist, dass Sie zu sich selbst stehen und nicht versuchen, jemand anderen in Aussehen oder Verhalten nachzuahmen. Wenn ein penibel aufgeräumter Schreibtisch Ihren Ideenfluss lähmt, dann bekennen Sie sich zu dieser Ihrer Eigenart – und bescheiden Sie den Angreifer mit einem fröhlichen Spruch: »Nur kleine Geister halten Ordnung, das Genie beherrscht das Chaos.« Solange Sie mit Ihrem Durcheinander niemanden beeinträchtigen, geht es völlig in Ordnung.

Lieber Tomaten auf den Augen,
als das Gras wachsen hören

Wollen Sie selbstbewusst auftreten, müssen Sie lernen, Augen und Ohren zu verschließen. Paradox, meinen Sie? Im Gegenteil. Denn auch Sie haben sich sicherlich schon das eine oder andere Mal dabei ertappt, dass Sie dachten, die Kolleginnen hätten über Sie getratscht – nur weil das Gespräch zufällig verstummte, als Sie den Raum betraten. Und haben sich anschließend den Kopf zerbrochen, was wohl der Inhalt der Debatte gewesen sein mochte, warum die Kolleginnen plötzlich über Sie herzogen und was Sie unternehmen könnten, um das zu ergründen. Auf jeden Fall war der Tag verdorben, die Atmosphäre durch Misstrauen vergiftet. Vielleicht fanden Sie später dank Ihrer Beharrlichkeit und Ihres diplomatischen Geschicks heraus, was da eigentlich gelaufen war – und erfuhren, dass sich das Gespräch um etwas gänzlich Belangloses gedreht und sich das Thema just in dem Moment erschöpft hatte, als Sie zur Tür hereinkamen. Sie hatten sich selbst also völlig unnötigerweise einen miesen Tag beschert.

Genau das meine ich mit »Augen und Ohren verschließen«. Beziehen Sie Worte, Blicke und Gesten anderer nicht auf sich – es sei denn, Sie werden ausdrücklich angesprochen. Hüten Sie sich, sich als Gedankenleserin zu betätigen: Sie wissen nicht, was andere über Sie oder Ihr Verhalten denken, solange es nicht offen ausgesprochen wird. Und auf Ihre Mutmaßungen ist kein Verlass, da Ihre Wahrnehmung durch das verzerrt wird, was Sie Ihren Mitmenschen unterstellen. Wenn Sie beispielsweise glauben, Ihre Kolleginnen und Kollegen hielten Sie für geistig minderbemittelt, weil Ihnen irgendein dummer Fehler unterlaufen ist (was *jedem* mal passiert), werden Sie jede harmlose Äußerung als Anspielung interpretieren und jede hochgezogene Augenbraue als nonverbale Kritik.

Hinter selbstbewusstem Auftreten steckt daher die Haltung: »Wer mir was zu sagen hat, der soll es sagen, und alles andere geht mich nichts an.« Mit Hilfe von Übung 9 (S. 42) werden Sie sich einen wirksamen Schutz schaffen, der Ihre selbstbewusste Haltung unterstützt.

Übungen

1. Treffen Sie – jetzt, hier und heute – die *unwiderrufliche* Entscheidung, sich selbst als wertvollen und liebenswerten Menschen anzuerkennen. Schreiben Sie den Satz »Ich ... (Ihr Name), bin ein wertvoller, liebenswerter Mensch« auf ein Blatt Papier. Wenn Sie die Wirkung noch verstärken wollen, nehmen Sie besonders schönes Papier und umrahmen Sie Ihren neuen Leitsatz mit hübschen Ornamenten. Hängen Sie das Blatt in Ihrer Wohnung auf, am besten an einer Stelle, an der Sie oft vorbeigehen, zum Beispiel am Garderoben- oder Badezimmerspiegel.

   Schreiben Sie den Satz zusätzlich auf einen Zettel und nehmen Sie ihn mit an Ihren Arbeitsplatz. Lesen Sie ihn jedes Mal durch, wenn Sie Ihr Selbstwertgefühl stärken wollen, etwa vor einem wichtigen Gespräch. Denken Sie daran: Sie sind immer so viel wert, wie *Sie* von sich halten!

2. Üben Sie von jetzt an, sich selbst *aktiv* Achtung und Wertschätzung entgegenzubringen. Beschließen Sie, sich zu mögen, wie Sie sind, statt an sich herumzunörgeln. Achten Sie darauf, wie hart Sie oft mit sich selbst ins Gericht gehen – würden Sie so was irgendjemand anderem an den Kopf werfen? Gewiss nicht! Nehmen Sie sich also ab heute vor, sich selbst die beste Freundin zu sein. Wenn Sie dennoch glauben, berechtigten Grund zu Kritik zu haben, verurteilen Sie sich nicht (»Wie kannst du bloß so dämlich/un-

geschickt/undiszipliniert sein!«), sondern unterbreiten Sie sich selbst konstruktive Vorschläge, wie Sie es in Zukunft besser machen können.

Tun Sie sich selbst Gutes, völlig unabhängig davon, ob Sie glauben, es »verdient« zu haben. Leisten Sie sich einen Spaziergang, wenn das Wetter ins Freie lockt, auch wenn Sie besonders viel Arbeit haben: Lüften Sie eine halbe Stunde den Kopf aus, um neue Energie zu bekommen und Sie werden das restliche Pensum lockerer und effizienter erledigen, als wenn Sie verbissen vor sich hin schuften. Gönnen Sie sich ein luxuriöses Schaumbad, wenn Sie einen besonders unerquicklichen Arbeitstag hinter sich haben, womöglich eine berufliche Niederlage einstecken mussten – gerade dann brauchen Sie Entspannung und Aufmunterung.

Hüten Sie sich vor Vergleichen mit anderen Menschen. Es gibt immer jemanden, den Sie schöner, anziehender, sympathischer oder begabter finden könnten als sich selbst, wenn Sie es darauf anlegen. Aber es gibt niemanden, der so ist wie Sie: Sie sind *einzigartig* und Sie haben das Recht und die Verpflichtung, das Beste aus Ihren individuellen Qualitäten und Talenten zu machen!

3. Gewöhnen Sie sich an, mindestens zehnmal am Tag »Das hast du *gut* gemacht!« zu sich selbst zu sagen. Denn es gibt (fast) immer einen Grund, sich zu loben – oder ist es etwa nicht lobenswert, wenn Sie im Job einen aufgebrachten Kunden besänftigt haben oder Ihre Wohnung wieder in Ordnung und Sauberkeit erstrahlt? Würdigen Sie Ihre Leistungen, Qulitäten und Fähigkeiten in angemessener Weise. Machen Sie sich die Formel »Eigenlob stimmt!« (sie stammt von der Persönlichkeitstrainerin Sabine Asgodom) zur Lebensmaxime – Sie werden sehen, dass Ihr Selbstvertrauen und damit auch Ihr Selbstbewusstsein ungeahnte Höhen erklimmt.

4. Gönnen Sie sich von Zeit zu Zeit das Vergnügen, Ihr Leben der vergangenen Wochen oder Monate Revue passieren zu lassen und dabei nur die Rosinen herauszupicken. Lassen Sie alles beiseite, was nicht ganz so gut gelaufen ist, und würdigen Sie ausschließlich Ihre Glanzleistungen. Wenn Sie Lust haben, versetzen Sie sich dabei in einen Menschen, an dessen Wertschätzung Ihnen viel liegt, und lassen Sie ihn das Lob aussprechen. Oder schreiben Sie eine fiktive Pressemitteilung, die Ihre Person und Ihre Arbeit würdigt. Oder stellen Sie sich als Ehrengast in einer Fernsehshow vor und lassen Sie die Moderatorin oder den Moderator Schmeichelhaftes über Sie sagen.

Dieses Spiel mag Ihnen überzogen erscheinen, doch es hat seinen Sinn (abgesehen davon, dass es höchst unterhaltsam ist). Wir neigen nämlich dazu, unser Selbstbewusstsein zu untergraben, indem wir unsere Leistungen nicht in ausreichendem Maß wahrnehmen und anerkennen, während wir alles, was uns nicht so gut gelungen ist, wie unter der Lupe sehen. Dieser verzerrten Wahrnehmung wirkt das Spiel entgegen, und wenn Sie es ein paarmal gemacht haben, werden Sie feststellen, dass sich Ihr Fokus verändert: Sie werden Ihre Erfolge und sonstige Freuden, die das Leben Ihnen bietet, würdigen und genießen, während die Patzer und Misserfolge auf das rechte Maß zusammenschrumpfen. Das Ergebnis? Sie werden sich strahlend, selbstbewusst und schlagfertig präsentieren!

5. Besorgen Sie sich eine Wochenzeitung oder -zeitschrift und arbeiten Sie das Blatt durch. Lesen Sie mindestens den Politik- und den Gesellschaftsteil und entscheiden Sie sich für jeweils ein Thema. Finden Sie nun heraus, was Ihre persönliche Meinung zu diesem Thema ist. Teilen Sie die Ansichten des Journalisten vollkommen, teilweise oder gar nicht? In welchen Punkten sind Sie anderer Meinung? Warum?

Halten Sie die Berichterstattung für glaubwürdig, zu knapp oder völlig überzogen? Worauf gründet sich dieser Eindruck? Liefert der Artikel Argumente und Fakten oder vorwiegend Spekulationen? Ist er in sachlichem Stil gehalten oder will er Sie emotional beeinflussen, etwa indem er Ihnen – unterschwellig oder offen – Angst macht oder Sie dazu bringen will, Partei zu ergreifen?

Wenn Sie glauben, ein Thema »nicht beurteilen zu können« (das ist, nebenbei bemerkt, die beliebteste Ausrede aller Denkfaulen), beschaffen Sie sich mehr Informationen – entweder durch weitere Zeitungen oder aus dem Internet.

6. Nachdem Sie Übung 5 absolviert haben, üben Sie, Ihre Meinung zu äußern. Entwickeln Sie Spaß daran, sich in Diskussionen einzuklinken und offen und selbstbewusst zu sagen, was Sie über das betreffende Thema denken. Sie werden feststellen, dass man umso mehr auf Sie hört, je fundierter Ihre Meinung ist.

7. Selbstbewusstes Auftreten schließt auch Körpersprache und Stimme ein. Um festzustellen, wie Sie auf andere wirken, führen Sie zu Hause vor einem (möglichst großen) Spiegel ein imaginäres Gespräch, beispielsweise mit Ihrem Vorgesetzten. Überprüfen Sie Ihre Körperhaltung: Sie sollte locker und entspannt, aber nicht schlaff sein. Was tun Sie mit Ihren Händen? Spielen Sie mit irgendeinem Gegenstand, verstecken Sie sie in den Hosentaschen oder fuchteln Sie herum? Üben Sie, Ihre Aussagen durch passende Gesten zu unterstreichen – falls Sie übertreiben, wird der Spiegel es Ihnen zeigen. Zu einem besonders wirkungsvollen Self-Coaching können Sie diese Übung ausbauen, wenn Sie das »Gespräch« mit der Videokamera aufzeichnen.

Um einen Eindruck von Ihrer Stimme und Sprechweise zu bekommen, schreiben Sie irgendeine kurze Begebenheit aus Ihrem Leben auf und lesen Sie den Text laut vor. Wiederholen Sie dies so oft, bis Ihre Stimme gelöst und moduliert klingt, nicht zu laut und nicht zu leise. Auch diese Übung funktioniert am besten, wenn Sie sich selbst auf Tonträger aufnehmen.

8. Hin und wieder werden wir mit Situationen konfrontiert, die wir nicht initiiert haben, sondern in die wir »heineingeraten«: Sei es, dass jemand uns um etwas bittet, wozu wir eigentlich keine Lust haben, sei es, dass jemand unsere Aufmerksamkeit und Zuwendung fordert, der oder dem wir so viel Zeit eigentlich nicht widmen möchten. Oder sei es, dass wir in eine Auseinandersetzung hineingezogen werden, die uns in Wirklichkeit gar nichts angeht. Mit Hilfe der folgenden fünf Fragen gewinnen Sie Klarheit über die jeweilige Angelegenheit – und verwickeln sich nicht in Situationen, die Sie nicht betreffen. Am besten beantworten Sie die Fragen schriftlich:

- Wie stellt sich die Situation für mich dar?
- Welche Absichten verfolge ich? Welche Bedeutung hat das Ganze für mich? (Auch wenn Sie scheinbar keine Intention verfolgen, weil Sie mit der betreffenden Person oder Angelegenheit nichts zu tun haben möchten, können Sie eine Absicht formulieren: Sie wollen Ihre Ruhe haben.)
- Wie stellt sich die Situation für die/den anderen dar? Welche Absichten verfolgt sie/er?
- Welches Ergebnis erwarte ich?
- Steht der Aufwand im Verhältnis zum Ergebnis?
- Ziehen Sie ein abschließendes Resümee. Treffen Sie eine Entscheidung und halten Sie sich daran.

9. Mit Hilfe dieser Übung werden Sie einen sehr wirkungsvollen Rundumschutz kreieren, der Sie in kniffligen Situationen gegen negative Einflüsse abschirmt. Sie können sich ihn vorstellen wie ein unsichtbares Kleidungsstück,

einen Mantel oder eine Rüstung, die Sie anlegen, wenn Sie sich in spannungsgeladener Atmosphäre aufhalten oder ein schwieriges Gespräch führen müssen. Um diesen Schutz zu schaffen, benutzen Sie die machtvolle Energie Ihrer Vorstellungskraft.

Gleichwohl handelt es sich bei Ihrem energetischen Schutzmantel nicht um ein »Hirngespinst«, an das Sie »eben glauben müssen«, damit es funktioniert. In der traditionellen chinesischen und indischen Medizin ist seit Jahrtausenden bekannt, dass durch jedes Lebewesen Energieströme laufen, die sich über den Körper hinaus erstrecken und die so genannte Aura bilden: ein eiförmiges energetisches Gebilde, das zwar (außer für Hellsichtige) nicht sichtbar, aber sehr wohl spürbar ist. Demnach kommunizieren wir nicht nur über (Körper-)Sprache mit unseren Mitmenschen, sondern empfangen und senden auch über die Aura Informationen – wenn auch im Allgemeinen unbewusst.

Normalerweise ist unsere Aura intakt, so dass wir unerwünschte Energien in Form von Gefühlen oder Gedanken anderer Menschen rasch wieder abschütteln können. Stress jedoch reißt »Löcher« in die Aura: In angespannter oder erregter Verfassung oder wenn wir uns in streitgeladener Atmosphäre aufhalten, sind wir offener für Fremdenergien und können weniger gut unterscheiden, welche Gedanken beziehungsweise Gefühle wirklich die unseren und welche von außen in uns eingedrungen sind. Mit Hilfe des energetischen Schutzschilds können Sie sich in derartigen Situationen hervorragend schützen und abgrenzen:

- Stellen Sie sich aufrecht, aber bequem und unverkrampft hin. Achten Sie darauf, dass Ihre Wirbelsäule gerade ist.
- Atmen Sie ein paarmal tief durch. Forcieren Sie nichts, lassen Sie Ihren Atem einfach kommen und gehen, wie er will, in seinem eigenen Rhythmus. Wenn Sie spüren,

dass bestimmte Körperpartien angespannt sind (Bauch, Schulterblätter, Nacken, Kiefer, Nasenflügel, Schläfen oder Hände), atmen Sie gezielt in diese Stellen hinein und lösen Sie die Anspannung. Spüren Sie, wie Ihr Atem sanft in die Muskelstränge einfließt, sie lockert und glättet.

- Richten Sie Ihre Aufmerksamkeit jetzt auf den Solarplexus (das Sonnengeflecht zwei Finger breit über Ihrem Bauchnabel): Stellen Sie sich goldenes Licht vor, das an dieser Stelle austritt, und beobachten Sie sein unaufhörliches und reichliches Strömen.

- Sagen Sie nun laut und deutlich den Zauberspruch: »Beschütze mich!« (Harry-Potter-Fans können in Anlehnung an ihren Helden auch »Protectio!« sagen.) Beobachten Sie, wie sich das goldene Licht in einer ganz bestimmten, Ihnen gemäßen Form um Ihren Körper legt und einen energetischen Zaubermantel, eine magische Schutzbekleidung bildet.

- Warten Sie, bis die Form vollendet ist. Genießen Sie das Gefühl, vollkommen sicher und geschützt zu sein, und lassen sie es Ihren ganzen Körper durchdringen.

- Verankern Sie dieses Gefühl in Ihrem Bewusstsein, indem Sie laut sagen: »Ich bin vollkommen sicher und geschützt. Mir kann nichts passieren, ich trage meine undurchdringliche Schutzkleidung.«

- Zeichnen Sie nun die Form Ihres individuellen Zaubermantels auf, damit Sie sich immer an sie erinnern können.

- Da wir viel öfter sitzen als stehen, wiederholen Sie die Übung nun im Sitzen; achten Sie auch hier auf eine gerade Wirbelsäule. Vergegenwärtigen Sie sich, wie Ihre Schutzkleidung sich jetzt anfühlt und in welcher Form sie sich um Ihren Körper legt. Zeichnen Sie sie auf.

- Üben Sie – mindestens einmal täglich – mit Ihrer Schutz-bekleidung, bis Sie sie in jeder Situation blitzschnell anlegen können (Zauberspruch nicht vergessen!). Sie werden feststellen, dass das mit ein wenig Training schon innerhalb weniger Sekunden klappt. Wenn Sie mögen, geben Sie Ihrer magischen Hülle einen Namen, zum Beispiel »meine schimmernde Rüstung«, »mein Zaubercape« oder Ähnliches. Sie können diesen Namen dann an den Zauberspruch anhängen: »Protectio, Zaubercape!«
- Probieren Sie Ihren Schutzmantel in harmlosen Alltags-situationen aus. Sobald der Zauberspruch sicher funktioniert, üben Sie, Ihre »schimmernde Rüstung« auch in schwierigen Situationen anzulegen.
- Hüllen Sie sich jedes Mal in Ihren magischen Mantel, bevor Sie sich in eine knifflige Situation begeben. Und falls Sie sich vor Alpträumen schützen möchten, legen Sie ihn auch vor dem Einschlafen an.

Zum Abschluss noch ein Hinweis: Wenn Sie sich im beruflichen oder privaten Umfeld *dauerhaft* in schlechter Atmosphäre aufhalten, wird Ihnen auch Ihr energetischer Schutzschild nur bedingt helfen. Denn Misstrauen, Abwertung, Intrigen, Lügen, ständige Aggressivität, Neid und Missgunst sind machtvolle, ungeheuer zerstörerische Gefühls- und Gedankenkräfte, gegen die wir uns auf lange Sicht nicht abschotten können. Wenn in Ihrer Firma ein solches Klima herrscht oder Sie im Privatleben in die Klauen eines Menschen geraten sind, der Ihnen mit sadistischem Vergnügen alle Lebensenergie und -freude entzieht, dann müssen Sie sich aus dieser Atmosphäre befreien (eventuell mit Hilfe eines Therapeuten). Andernfalls verlieren Sie Ihre Selbstachtung und setzen Ihre körperliche beziehungsweise psychische Gesundheit aufs Spiel.

»Streiten ist schön!« –
Setzen Sie Ihre Zickenhörner ein

Schlagfertigkeit, wie ich sie verstehe, bedeutet nicht nur, dass frau sich in ihrer Haut wehren, also clever reagieren kann, sondern auch, dass sie selbstbewusst und aktiv für die Verwirklichung ihrer Wünsche und Vorstellungen eintritt. Die Fähigkeit, Worte gezielt und auch als Waffe einzusetzen, erfordert jedoch Konfliktbereitschaft. Wenn Sie im Leben etwas erreichen, wenn Sie Ihre selbst gesteckten Ziele verwirklichen und für Ihre Ideen und Anschauungen eintreten wollen, müssen Sie den Mut entwickeln, für sie zu kämpfen. Mit Kompromissen, Stillhalten und »Sich-bescheiden« werden Sie nicht weit kommen.

Verabschieden Sie sich als souveräne Zicke also von einigen »typisch weiblichen« Vorstellungen: Genießen Sie es, im Mittelpunkt zu stehen, statt sich »bescheiden im Hintergrund zu halten«. Setzen Sie Ihren eigenen Kopf durch, wo es Ihnen richtig erscheint – auch wenn jemand anders das nicht gut finden mag. Stehen Sie zu den Ecken und Kanten Ihrer Persönlichkeit, statt es allen recht machen zu wollen. Seien Sie stolz darauf, wenn man über Sie »kontrovers diskutiert«, statt sich krampfhaft darum zu bemühen, dass man gut über Sie spricht. Und schließlich: Treten Sie streitbar für sich ein, statt Ungerechtigkeiten und Unverschämtheiten stillschweigend wegzustecken – entwickeln Sie Konfliktbereitschaft.

Nehmen Sie die rosarote Brille ab

Egal, ob Sie eine berufliche Karriere oder eine erfüllende Liebesbeziehung anstreben – es ist nicht alles Friede, Freude, Eierkuchen im Leben. Sie mögen Ihren Partner noch so innig lieben, doch wenn Sie sich immer wieder über seine Faulheit in Haushaltsdingen ärgern, wird Sie das auf Dauer unglücklich machen und Ihre Beziehung aushöhlen. Gelegentliche Andeutungen wie »Man müsste mal die Betten neu beziehen« oder »Die Wohnung könnte einen Staubsaugerdurchgang vertragen« helfen nicht weiter, er wird sie einfach überhören. Hier müssen Sie sich auf die Hinterbeine stellen und klipp und klar sagen, was Sie von ihm erwarten. Kein Gequengel in der Art von »Seit Wochen bin immer ich diejenige, die einkauft«, keine Generalanschuldigen wie »Nie tust du was!«, sondern eine klare, nüchtern vorgebrachte Aussage: »Du bist mit Staubsaugen dran. Ich gehe jetzt für zwei Stunden spazieren, und wenn ich zurückkomme, erwarte ich, dass die Wohnung sauber ist.«

Natürlich kann ich Ihnen nicht versprechen, dass er sich ändern wird (und höchstwahrscheinlich nicht beim ersten Mal), aber zumindest geben Sie ihm und Ihrer Beziehung eine Chance: Sie weigern sich, Ihre partnerschaftlichen Differenzen mit einer rosaroten »Harmoniesauce« zu übertünchen, und bewahren sich – und Ihrem Gefährten – einen klaren Blick dafür, was sich *wirklich* abspielt in Ihrer Partnerschaft. Wenn Sie offen aussprechen, welchen Stellenwert Ihr gemeinsames Leben für Sie hat, was Sie dafür tun und welche Kompromisse Sie notfalls einzugehen bereit sind, aber auch, was Sie von der Beziehung und Ihrem Partner erwarten, dann weiß Ihr Herzallerliebster, woran er bei Ihnen ist. Umgekehrt haben Sie das Recht, zu erfahren, wie er über diese Dinge denkt.

Es ist allemal besser, der Wahrheit ins Auge zu sehen, als sich jahrelang Illusionen hinzugeben und insgeheim auf Besserung zu hoffen – bis zu jenem unweigerlich heraufdämmernden Tag, an dem das schöne Traumgebäude mit gewaltigem Getöse in die Luft fliegt.

Das Gleiche gilt für berufliche Belange. Schuften Sie nicht stillschweigend vor sich hin in der Hoffnung, der Chef werde Ihre Leistung eines Tages schon bemerken und entsprechend würdigen, sondern machen Sie selbstbewusst auf sich aufmerksam. Stecken Sie Ungerechtigkeiten und Zurückweisungen nicht mit resigniertem Achselzucken weg, sondern geben Sie Kontra.

Staucht Ihr Abteilungsleiter Sie beispielsweise mit den Worten»Ihre Präsentation war ja unglaublich konfus!« zusammen, dürfen Sie sich das auf gar keinen Fall gefallen lassen. Gehen Sie sofort in die Gegenoffensive: »Meine Präsentation war sorgfältig vorbereitet – was könnte Ihre Aufmerksamkeit abgelenkt haben?« Jetzt hat er den schwarzen Peter und muss Ihre Frage beantworten. Das Gespräch ist eröffnet und Sie können es nutzen, um Ihren Chef über die Inhalte Ihrer Präsentation aufzuklären und ihm die Ziele zu verklickern, die Sie in diesem Zusammenhang verfolgen. (Weitere Tipps hierzu finden Sie im Kapitel *Gespräche führen, statt sich [an der Nase herum-] führen zu lassen.*)

Auch wenn jemand Sie auffordert, etwas zu tun, was Sie nicht tun möchten oder können, geben Sie nicht um des lieben Friedens willen nach, sondern lernen Sie, Nein zu sagen. Zeigen Sie sich standhaft oder beharren Sie wenigstens auf einem Kompromiss, mit dem Sie gut leben können.

So sind im Arbeitsalltag beispielsweise Überstunden immer wieder ein leidiges Thema. Sie kennen das vermutlich: Es ist fünf Uhr nachmittags, Sie schicken sich an zu gehen, da stürmt Ihr Vorgesetzter herein und will noch irgendwas von Ihnen, etwa dass Sie ein Band abtippen. Nun haben Sie drei Möglichkeiten. Erstens: Sie ziehen seufzend, aber widerspruchslos ihren Mantel wieder aus und machen sich an die

Arbeit, während Sie sich selbst mit Vorwürfen überschütten, dass Sie so entsetzlich feige sind. Zweitens: Sie handeln mit Ihrem Chef einen Kompromiss aus, zum Beispiel, dass Sie noch eine halbe Stunde dableiben und abtippen, was Sie in dieser Zeit schaffen, dafür aber am nächsten Morgen etwas früher kommen. Drittens: Sie machen ihm klar, dass Sie nicht länger arbeiten *können*, weil Sie einen wichtigen Termin haben (wobei es piepegal ist, ob Sie zum Arzt müssen oder sich mit Ihrem neuen Lover verabredet haben).

Natürlich ist grundsätzlich nichts gegen Überstunden zu sagen – in jeder Firma gibt es immer wieder mal Phasen, in denen Mehrarbeit anfällt, oder es passiert etwas Unvorhergesehenes, das eine verlängerte Arbeitszeit erfordert. Bedenklich wird es allerdings, wenn Überstunden aus mangelnder Organisationsfähigkeit der Vorgesetzten resultieren – etwa weil der Chef es für sein gutes Recht hält, frei über die Zeit seiner Mitarbeiter zu verfügen, oder weil er es einfach nicht fertig bringt, sein Arbeitspensum innerhalb der üblichen Bürozeiten zu bewältigen.

Haben Sie es mit einem solchen Vorgesetzten zu tun, müssen Sie lernen, Ihre Zickenhörner einzusetzen. Deshalb ist die oben geschilderte erste Möglichkeit sicherlich die schlechteste (es sei denn, Sie halten sich lieber im Büro als zu Hause auf). Möglichkeit zwei ist dann sinnvoll, wenn klar ist, dass die Arbeit tatsächlich rasch erledigt werden muss, Sie aber keine Lust oder Zeit haben, noch sehr viel länger im Büro zu verweilen. Möglichkeit drei empfiehlt sich, wenn Sie Ihrem Chef vermitteln wollen, dass Sie zwar seine Angestellte sind, sich ihm aber keineswegs mit Leib und Seele verkauft haben und dass er sich, wenn er Sie behalten will, gefälligst besser organisieren soll. Zeit, die *er* verplempert, müssen *Sie* nicht in Ihrer Freizeit reinholen! Sagen Sie ihm deshalb freundlich, aber bestimmt: »Sorry, das geht jetzt nicht – ich habe einen wichtigen Termin, den ich nicht verschieben kann. Bitte sagen Sie mir das nächste Mal rechtzeitig Bescheid, wenn so etwas anliegt, dann werde ich mich darauf einrichten.« Wahrscheinlich wird er sauer sein, aber ich kann Ihnen versichern: Wenn Sie auch die nächsten Male standhaft bleiben, hat er's irgendwann begriffen.

Wie Sie sehen, bedeutet Konfliktbereitschaft also keineswegs, Ihrem Gegenüber grob übers Maul zu fahren, sondern schlicht die Fähigkeit, entschieden für sich selbst und die eigenen Standpunkte einzutreten. Solange Sie höflich und sachlich bleiben, brauchen Sie keine Angst zu haben, den Gesprächspartner zu vergrätzen und – womöglich für immer – gegen sich einzunehmen. Die oben geschilderte Auseinandersetzung etwa habe ich mir nicht aus den Fingern gesogen, sondern selbst durchexerziert. Dass mein Chef mich daraufhin mit wesentlich mehr Respekt und Entgegenkommen behandelte (übrigens auch in finanzieller Hinsicht), hat mir gezeigt, wie lohnend es ist, wenn frau sich durchsetzt. Merke: Herumgeschubst wird nur, wer sich herumschubsen lässt!

Seien Sie Zicke, nicht Streithammel

Konfliktbereitschaft bedeutet jedoch nicht, sich zum Streithammel zu entwickeln und jeden geringfügigen Anlass zum Vorwand zu nehmen, »mal richtig die Sau rauszulassen«. Denn so verhalten sich nur Menschen, die aus irgendwelchen Gründen ständig unter Hochspannung stehen, so dass sie von Zeit zu Zeit Dampf ablassen müssen. Und wenn Sie sich ab heute vornehmen, sich nichts mehr gefallen zu lassen, heißt das auch nicht, dass Sie wie eine Dampfwalze alles platt machen sollen, was sich Ihnen in den Weg stellt. Bedenken Sie, dass Ihr Gegenüber immer einen triftigen Grund hat, sich so zu verhalten, wie er es tut. Mag Ihnen seine Überzeugung auch noch so ungerechtfertigt, überzogen, banal oder lächerlich vorkommen – achten Sie dennoch darauf, ihn nicht zu verletzen. Denn es geht ja nicht darum, Ihrem Gesprächspartner eins vor den Latz zu knallen, sondern darum, Ihre Ziele, Wünsche und Vorstellungen durchzusetzen oder zumindest dafür zu sorgen, dass Sie die Zügel in der Hand behalten und sich nicht als unterlegenes, hilfloses Opfer fühlen.

Konflikte bereinigen

Konfliktbereitschaft ist wichtig, aber Streiten ist kein Daseinszweck. Deshalb werden Sie hin und wieder Gespräche führen müssen, um einen Konflikt aus der Welt zu schaffen. Hierfür gibt es einige Grundregeln, die ich Ihnen im Folgenden vorstellen möchte.

Erstens sollten knifflige Themen nicht zwischen Tür und Angel abgehandelt, sondern in einer möglichst ruhigen, entspannten Atmosphäre besprochen werden. Bitten Sie Ihren Gegenspieler daher um einen Termin. Das hat auch den Vorteil, dass Sie sich in Ruhe vorbereiten können (siehe Übung 3, S. 56).

Zweitens sollten Sie das Gespräch prinzipiell mit Ihrem persönlichen Eindruck beginnen – es ist ja immerhin möglich, dass Sie sich getäuscht haben und in Wahrheit gar kein Konflikt besteht oder die Misstimmigkeit nichts mit Ihnen zu tun hat. Einem Kollegen, der Ihnen gegenüber in letzter Zeit auffallend wortkarg war, könnten Sie beispielsweise erklären: »Ich habe das Gefühl, dass Sie mir wegen irgendetwas gram sind – was könnte das sein?« Oder einer Freundin: »Mir scheint, du gehst mir in letzter Zeit aus dem Weg – gibt es dafür einen Grund?«

Hüten Sie sich drittens vor Formulierungen, die Vorwürfe enthalten oder als solche aufgefasst werden könnten, etwa »Wieso sind Sie immer so unfreundlich zu mir?« oder »Seit Wochen blockst du mich ab!« Denn falls Ihre Vermutung zutrifft und das ehemals gute Verhältnis tatsächlich getrübt ist, möchten Sie ja ein offenes Gespräch führen und zu einer konstruktiven Lösung gelangen. Das ist jedoch unmöglich, wenn Sie mit einem Frontalangriff losschlagen: Ihr Gegenüber wird darauf seinerseits mit Aggressivität reagieren und »zumachen«.

Wenn Ihr Gesprächspartner Sie mit Vorwürfen überschüttet, bleiben Sie gelassen. Denken Sie daran: Was immer jemand über Sie äußert, besagt viel mehr über die-/denjenigen selbst als über *Sie*. Falls Ihr Gegenüber Sie »eiskalt erwischt« und Ihnen mit Dingen kommt, die Sie völlig überraschen oder vor den Kopf stoßen, brechen Sie das Gespräch ab und vereinbaren Sie einen neuen Termin. In der Zwischenzeit können Sie überlegen, was an ihren/seinen Vorwürfen dran ist und in welcher Weise Sie dazu Stellung beziehen möchten (wenn überhaupt).

»Ich will doch nur dein Bestes« – »Aber das kriegst du nicht!«

Gibt es in Ihrer näheren Umgebung jemanden, der »nur Ihr Bestes will« und Sie durch seine Übergriffe an Ihrer Entfaltung hindert? Häufig sind es die Eltern, aber auch der Partner oder andere »Autoritäten«, denen wir mehr Glauben schenken als uns selbst. Die »Besserwillis« erkennen Sie daran, dass sie sich anmaßen, für andere Menschen Verantwortung zu übernehmen.

Oft hindern solche Menschen Sie daran, Neues anzuprobieren – unter dem Vorwand, Ihnen »unangenehme Erfahrungen ersparen« zu wollen. So erklärt man Ihnen etwa, Sie seien körperlich zu schwach, intellektuell unzureichend gerüstet oder besäßen ein zu dünnes Nervenkostüm, um Ihr Vorhaben zu meistern. Doch jeder Mensch muss seine eigenen Erfahrungen machen und hat das Recht, unvorteilhafte oder sogar falsche Entscheidungen zu treffen. Hinter der Formel »Ich will doch nur dein Bestes« verbirgt sich daher zumeist entweder eine gehörige Portion Egoismus oder die/der Betreffende projiziert die eigenen Ängste auf Sie: Weil sie/er das, was Sie vorhaben, nie wagen würde, malt man Ihnen Horrorszenarien aus, um nicht mit der eigenen Feigheit (oder Faulheit) konfrontiert zu werden.

Lernen Sie deshalb, sich selbst und Ihrem Gespür zu vertrauen, statt sich von der Meinung und Einschätzung anderer abhängig zu machen. Natürlich ist es nie schlecht, sich Rat zu holen – oft können andere Menschen uns wertvolle Hinweise geben. Aber es gilt zu unterscheiden, ob der Ratschlag sich wirklich auf *Ihre* Qualitäten, Kenntnisse und Fähigkeiten bezieht oder ob die/der Befragte nicht vielmehr eigene Interessen verfolgt. Den wohlmeinenden Ratgeber erkennen Sie daran, dass er (oder sie) Ihnen immer die Wahl lässt, die Anregung aufzugreifen. Wer Ihnen hingegen ungefragt dreinredet oder sich gar anmaßt, über Ihre Ziele, Wünsche und Fähigkeiten besser Bescheid zu wissen als Sie selbst, meint es nicht wirklich gut mit Ihnen.

Wenn Sie beispielsweise mit einer Freundin eine Reise planen, mag es Ihrem Partner einfach lästig sein, dass er zwei Wochen ohne Sie auskommen soll. Also wird er Ihnen unter dem Vorwand, nur Ihr »Bestes« zu wollen, in düsteren Farben eine Fülle von Unannehmlichkeiten ausmalen, die zwei allein reisende Frauen in einem arabischen, also männerdominierten Land wie Ägypten erwarten. Ein anderes Beispiel: Sie möchten im Job mit verantwortungsvolleren Aufgaben betraut werden, doch Ihr Chef lehnt dies mit der Begründung ab: »Was Sie jetzt machen, entspricht genau Ihren Fähigkeiten – zudem müssten Sie dann viel mehr Zeit investieren.« Vorgeblich will auch er nur »Ihr Bestes«, indem er Sie vor Überforderung schützt. In Wirklichkeit jedoch ist es für ihn einfach bequem, eine gut eingearbeitete Kraft wie Sie zur Seite zu haben. Dagegen würde es einen erhöhten Aufwand bedeuten, Sie in neue Aufgaben einzuweisen und für Ihre jetzige Stelle eine neue Mitarbeiterin zu suchen.

Auch hier dürfen Sie nicht zurückstecken, wenn Sie Ihre Pläne verwirklichen und Frust verhindern wollen. Akzeptieren Sie den Konflikt und nehmen Sie in Kauf, dass Ihr Gegenüber kurzzeitig verärgert oder genervt reagiert. Lassen Sie sich von seinen/ihren zur Schau getragenen Emotionen nicht erpressen, sondern arbeiten Sie mit Geduld und Charme daran, Ihre Ideen in die Tat umzusetzen! Die Standardantwort der souveränen Zicke auf »Ich will doch nur dein Bestes« lautet: »… aber das kriegst du nicht!«

Übungen

1. Üben Sie in der folgenden Zeit bewusst, Nein zu sagen. Achten Sie genau darauf, in welchen Situationen Sie dazu neigen, Aufgaben zu übernehmen und Dinge gegen Ihren Willen zu erledigen. Möchten Sie eine Auseinandersetzung vermeiden? Ködert man Sie mit Schmeicheleien, wie »Du kannst das doch so gut« oder »Sie können das schneller/besser als ich« oder »Sie sind meine beste Kraft, Sie dürfen mich jetzt nicht im Stich lassen«? Überlegen Sie, warum Sie die betreffende Angelegenheit nicht übernehmen wollen: Liegt Ihnen diese Tätigkeit grundsätzlich nicht oder passt sie Ihnen nur im Moment nicht in den Kram? Finden Sie

die/den Fragenden unsympathisch und sehen keinen Grund, ihr/ihm einen Gefallen zu tun?

Üben Sie, freundlich und höflich, aber entschieden Nein zu sagen. Lassen Sie sich nicht in Auseinandersetzungen verwickeln, bleiben Sie standhaft, zeigen Sie Ihren Mitmenschen, dass Ihr Nein definitiv »nein!« bedeutet und nicht »vielleicht« oder »Wenn du lange genug quengelst/schmeichelst, kriegst du mich irgendwann rum«. Setzen Sie klar *Ihre* Prioritäten und treten Sie entschieden für sich ein. Sie werden sehen, dass Ihre Mitmenschen nach kurzer Zeit aufhören, Sie zu belämmern, da sie begreifen, dass Sie bei Ihnen mit so was nicht landen können.

Hier einige Beispiele als Anregung: Ihre Kollegin behauptet, den Text in ein schönes Layout zu bringen, gelänge Ihnen besser als ihr? »Frau Müller, das beherrschen Sie genauso gut, Sie müssen es nur mal versuchen. Wenn Sie partout nicht weiterkommen, können Sie mich ja fragen.« Sie liegen in der Badewanne und Ihr Herzallerliebster will von Ihnen in die Kneipe chauffiert werden, damit er sich nicht mit Mineralwasser zu begnügen braucht? »Schatz, nimm dir ein Taxi!« Die Nachbarin fliegt in Urlaub und bittet Sie, ihren Hund für eine Woche zu übernehmen, obwohl Sie die Töle nicht ausstehen können? »Tut mir Leid, ich habe eine Hundeallergie!«

Noch ein Tipp: Verurteilen Sie sich nicht, wenn Sie mal eine Niederlage einstecken mussten. Entschiedenheit und ein klares Bewusstsein dessen, was wir wollen und was nicht, bewahrt uns zwar vor der Everybody's-Darling-Falle, bedeutet aber nicht, dass es uns *immer* gelingt, unseren Kopf durchzusetzen. Manchmal sind die Argumente der anderen einfach stärker, und wenn wir uns ihnen beugen, beweist das nur unsere Klugheit und ist kein Grund zu Selbstverurteilung. Voraussetzung ist allerdings, dass Sie es zumindest *versucht* haben!

2. Um der (besonders unter Frauen verbreiteten) Harmonie-sucht entgegenzuwirken, üben Sie in nächster Zeit, Konflikte aufzuspüren. Achten Sie auf verborgene Spannungs-felder, die die Atmosphäre beeinträchtigen. Besonders für Führungskräfte ist die Fähigkeit wichtig, latente Störfaktoren zu erkennen, aber auch jede/r andere profitiert davon, wenn sie/er ein Konfliktbewusstsein entwickelt. Denn über längere Zeit schwelende Konflikte können sich zu regelrechten Pulverfässern entwickeln, die irgendwann (der Anlass ist dann meist vollkommen nichtig) explodieren und einen Haufen Scherben hinterlassen. Und die sind dann nur schwer, manchmal auch gar nicht mehr, zu kitten.

Sie brauchen die Konflikte nicht anzusprechen, wenn Sie nicht wollen, vor allem, wenn sie nicht Sie selbst betreffen. Diese Übung hilft Ihnen jedoch, genau hinzusehen und hinzuhören, damit Sie im entsprechenden Fall eingreifen können (siehe Übung 3).

3. Mit Hilfe dieser Übung werden Sie Gespräche zur Klärung von Konflikten in Zukunft souverän und gelassen meistern. Sie brauchen dazu nur eine ruhige halbe Stunde, um sich ungestört vorbereiten zu können. Am besten notieren Sie Ihre Antworten auf die folgenden Fragen auf ein Blatt Papier, das Sie kurz vor der Unterredung noch einmal durchlesen.

• Was ist mein Anteil am Konflikt, was habe ich dazu beigetragen?
Haben Sie beispielsweise einen Fehler gemacht, irgendetwas vergeigt, das Sie nun ausbügeln müssen? Haben Sie sich danebenbenommen, sich etwa einen verbalen Ausrutscher geleistet oder jemanden durch Ihr Verhalten gekränkt? Waren Sie nachlässig gegenüber Menschen oder Sachen? Hegten Sie bestimmte Erwartungen an einen anderen Menschen, die dieser nicht erfüllen

konnte oder wollte? Falls Sie sich keiner Schuld bewusst sind, überlegen Sie, ob Sie die oder den Betreffenden vielleicht unbeabsichtigt vor den Kopf gestoßen haben, so dass Sie selbst den Anlass für die gegenwärtige Missstimmung (Ihr Verhalten oder Ihre Äußerung) gar nicht wahrgenommen haben.

- Kann ich den Fehler rückgängig machen oder was kann ich zur Schadensbegrenzung tun? Wie kann ich mein unangebrachtes Verhalten wieder gutmachen? Kann ich der/dem Betreffenden eine Entschädigung anbieten? Ist es sinnvoll, das zu tun? Wenn ja, welche Art von Entschädigung käme in Frage?

Haben Sie beispielsweise einer Kollegin eine Unverschämtheit an den Kopf geworfen, die sie gekränkt hat, dann könnten Sie sie als Wiedergutmachung ins Kino oder zum Essen einladen. Wichtig ist jedoch immer, dass die Entschädigung *angemessen* ausfällt, damit die oder der Betreffende nicht das Gefühl bekommt, nun in *Ihrer* Schuld zu stehen. Haben beide Parteien gleichen Anteil am Konflikt, beispielsweise weil ein Streit eskalierte und von beiden Seiten hässliche Worte fielen, ist es nicht sinnvoll, wenn Sie eine Entschädigung anbieten – in diesem Fall genügt es, wenn beide sich entschuldigen.

- Was habe ich daraus gelernt? Wie sollte ich mich in Zukunft verhalten, damit so etwas nicht wieder vorkommt?

- Die vierte Frage stellen Sie Ihrem Gesprächspartner: Was können wir tun, um einen solchen Fehler oder ein solches Missverständnis in Zukunft zu vermeiden?

Überlegen Sie gemeinsam, ob es nur ein einmaliger Ausrutscher war oder ob es eine Fehlerquelle gibt, die man grundsätzlich ausschalten sollte. (In einer Firma, in der ich mal gejobbt habe, wurden beispielsweise kleine Tabletts für den Tassentransport von der Küche in die Büroräume angeschafft, nachdem eine Kollegin mit ihrem Becher gestolpert war und den nagelneuen Teppichboden mit einem großen Kaffeefleck verschandelt hatte.)

Wenn Ihr Verhalten der Anlass für den Konflikt war – was können Sie gemeinsam ändern? (Ist zum Beispiel Ihre Freundin sauer auf Sie, weil Sie sich ein halbes Jahr lang nicht bei ihr gemeldet haben, könnten Sie beschließen, sie künftig häufiger anzurufen, während sie sich im Gegenzug vornehmen könnte, Ihnen mehr Vertrauen zu schenken.)

- Was ist das Positive daran?

  Vielleicht denken Sie jetzt, das sei Blödsinn, denn was kann an einem Fehler schon positiv sein! Positiv ist auf jeden Fall, dass Sie und Ihr Gesprächspartner sich jetzt gegenübersitzen und miteinander reden – und das sollten Sie würdigen! Positiv ist auch, wenn Sie eine Fehlerquelle entdecken und beseitigen (damit tun Sie allen etwas Gutes) oder eine Verhaltensweise ändern können. Und nicht zuletzt ist es positiv, dass Sie etwas über sich und darüber, wie Sie auf andere Menschen wirken, erfahren haben.

  Wenn das Gespräch gut läuft (was es nach dieser Vorbereitung tun sollte), erörtern Sie auch diese letzte Frage nach dem Positiven mit Ihrem Gegenüber. Dies führt die Unterredung zu einem versöhnlichen, positiven Abschluss.

4. Manchmal sind Konflikte nicht ad hoc zu lösen, sondern müssen eine Zeit lang ausgehalten werden. Da kommt beispielsweise die Tochter zur Mama und will Geld für eine neue Jeans, doch die wehrt ab: »Nein, du hast schon drei Paar im Schrank liegen und außerdem habe ich jetzt, am Monatsende, kein Geld für so was übrig.« Die Tochter rennt heulend in ihr Zimmer und schmeißt die Tür hinter sich zu.

Oder: Ihr Herzallerliebster will mit Ihnen übers Wochenende zum Skilaufen in die Berge, aber Sie müssen bis Montag Ihre Steuererklärung fertig haben. Er versucht Sie zu überreden, Sie bleiben standhaft, ein Wort gibt das andere und am Ende kochen beide vor Wut. Oder: Ihr Chef behauptet, Sie hätten eine Akte verbummelt, obwohl Sie genau wissen, dass Sie sie ihm auf den Schreibtisch gelegt haben. Doch da liegt sie de facto nicht. Stinkwütend verlassen Sie sein Büro.

Hier geht es nicht um wahr oder falsch, Recht oder Unrecht – jeder der Standpunkte ist begründet. Die Tochter will eine neue Jeans, weil die anderen »out« und »uncool« sind, der Partner will mal raus aus dem Alltagstrott, der Chef findet die Akte tatsächlich nicht auf seinem Schreibtisch.

Was tun Sie in einem solchen Fall? Erstens: Sie legen Ihren energetischen Schutzschild, Ihren »Zaubermantel« an (siehe Übung 9, S. 42). Zweitens: Sie trinken ein Glas Wasser (Wasser übt einen beruhigenden Einfluss auf unser Energiesystem aus). Drittens sagen Sie sich: »Ich bin *nicht* für den Konflikt verantwortlich, ich habe ihn nicht ausgelöst. Und ich werde *nicht* klein beigeben, um die Sache wieder ins Lot zu bringen.« Am besten sprechen Sie diese Formel laut aus – wenn es sein muss, mehrmals. Viertens: Sie machen sich wieder an Ihre Arbeit. Was Sie *nicht* tun, ist, sich in Selbstvorwürfen zu ergehen, und Sie werden sich auch *nicht* der von der schlechten Stimmung der/des anderen erpressen lassen.

Das bedeutet keineswegs, dass Sie bis zum Sankt-Nimmerleins-Tag in bockiger Trotzhaltung verharren sollen. Vielmehr gilt es schlicht abzuwarten, bis sich die Wogen wieder geglättet haben. Wenn Ihre Tochter sich beruhigt hat, können Sie mit ihr besprechen, unter welchen Umständen und wann Sie ihr eventuell eine neue Jeans kaufen. Sobald Ihr Lover sich wieder eingekriegt hat, können Sie gemeinsam überlegen, ob er Sie bei der Steuererklärung unterstützen kann, so dass Sie wenigstens den Sonntag für Unternehmungen frei haben. Und was die Akte Ihres Chefs angeht, so wird auch sie sicherlich bald irgendwo auftauchen und Ihr Chef Sie rehabilitieren.

5. Machen Sie einen Plan für Ihr Berufsleben: Was wollen Sie im Job erreichen? Welche Ziele haben Sie sich gesteckt oder könnten Sie sich – jetzt, da Sie darüber nachdenken – stecken? Wie soll Ihr berufliches Umfeld aussehen, wie soll die Atmosphäre sein, wie das Arbeitsklima? Welches Verhalten erwarten Sie von KollegInnen und Vorgesetzten? Was ist Ihnen in Ihrem Berufsleben sehr wichtig/weniger wichtig/unwichtig?

Überlegen Sie, was Ihnen an Ihrem Job und Arbeitsplatz nicht oder noch nicht so sehr gefällt. Was könnten Sie tun, um Ihre Vorstellungen zu verwirklichen? Sollten Sie Gespräche mit KollegInnen beziehungsweise Vorgesetzten führen? Können Sie Verbesserungsvorschläge einbringen? Welche Schritte und Maßnahmen sind notwendig, um Ihre Karriere in Gang zu bringen?

Sobald Sie Klarheit über diese Fragen gewonnen haben, gehen Sie daran, Ihre Ziele und Vorstellungen zu verwirklichen. Erstellen Sie einen Plan, welche Punkte Sie wann, wo und mit wem besprechen wollen. Verabreden Sie sich mit der betreffenden Kollegin oder dem Kollegen zum Abendessen, bringen Sie Vorschläge als Tagesordnungspunkt in Teambesprechungen ein, lassen Sie sich beim Chef einen Termin geben. Scheuen Sie sich nicht vor Auseinandersetzungen – Ihre Vorschläge sind gut, wohl durchdacht und mit Selbstbewusstsein vorgetragen, und auch wenn das Team nicht geschlossen Hurra schreit, wird Sie das nicht aus dem Konzept bringen.

Der Lohn der Mühe ist nicht nur, dass Sie sich profilieren (ganz wichtig im Job!), sondern auch, dass Ihr Selbstbewusstsein steigt, und vor allem, dass Sie durch Ihr aktives Eintreten der Verwirklichung Ihrer beruflichen Wünsche näher kommen.

6. Machen Sie einen Plan für Ihr Privatleben: Wie soll Ihr ideales Privatleben aussehen? Wollen Sie Single sein oder eine Beziehung haben? Was erwarten Sie von Ihrem Partner, was von der Beziehung? Möchten Sie eine Familie gründen? Hätten Sie gern mehr Kontakt zu Ihren Eltern und Geschwistern oder rückt Ihnen die Familienbande eher zu dicht auf den Pelz? Wenn Sie Kinder haben: Gönnen Sie sich selbst genug Freiraum oder widmen Sie jede Minute Ihres Tages den Kindern? Haben Sie Hobbys oder langweilen Sie sich allabendlich vor dem Fernseher zu Tode? Unternehmen Sie genug oder würden Sie gern häufiger rauskommen? Haben Sie richtig gute Freundinnen und Freunde oder einen eher lockeren Bekanntenkreis?

Überlegen Sie, was Sie tun können, um Ihren Idealvorstellungen näher zu kommen. Wenn Sie einen Partner suchen, was unternehmen Sie, um ihn zu finden? Gehen Sie aus, geben Sie Kontaktanzeigen auf oder haben Sie sich an eine Partnervermittlung gewandt? (Wenn Sie nur zu Hause sitzen und von Ihrem Märchenprinzen träumen, hat er schwerlich eine Chance, Ihnen zu begegnen ...) Wenn die Beziehungen zu Ihrer Familie Sie erdrücken, tun Sie etwas dagegen: Sie müssen nicht zu jedem Familienfest antanzen – erfinden Sie eine Notlüge (»Bin auf einem Seminar«) und lassen Sie es das Problem der anderen sein, wenn sie »sooo enttäuscht« sind. Es reicht vollkommen, wenn Sie einmal pro Woche mit Ihrer Mutter telefonieren, statt sich Abend für Abend ihr Gejammer anzuhören – Sie haben ein Recht auf Ihr eigenes Leben und das müssen Sie Ihrer Mutter unmissverständlich klar machen (sie ist alt genug, um ihr Leben selbst in die Hand zu nehmen). Wollen Sie gern mehr unternehmen, dann *tun* Sie's, auch wenn Ihr Partner eine »Couchkartoffel« ist und sauer wird, sobald Sie ihn mit Ihrem Tatendrang konfrontieren. Setzen Sie sich durch, verlassen Sie das Haus – um ins Kino oder ins Theater, ins Fitnessstudio oder in den Sportverein zu gehen, um Museen, VHS-Kurse oder Vorträge zu besuchen, brauchen Sie nicht unbedingt Begleitung. Und wenn Sie sich allein nicht trauen (womöglich aus der – völlig absurden – Angst heraus, jeder sähe Ihnen an, dass Sie auf Partnersuche sind), nehmen Sie eine Freundin mit. Sie sind neu in der Stadt und haben keine Freundin? Dann intensivieren Sie Ihre Beziehungen zu Kolleginnen und Kollegen und studieren Sie die Kontaktanzeigen in der Lokalpresse – dort werden nicht nur Partner gesucht, sondern auch nette Menschen für gemeinsame Unternehmungen.

Was das alles mit Schlagfertigkeit zu tun hat? Ganz einfach: Schlagfertigkeit können Sie erst entwickeln, wenn Ihnen Ihre persönlichen (Wert-)Vorstellungen und Ziele klar sind – denn wofür sollten Sie sonst aktiv und notfalls streitbar eintreten?

Lieber einen guten Freund verloren als eine Pointe verschenkt? – Kontern Sie angemessen

Ob Ihr schlagfertiger Konter seinen Zweck erfüllt, hängt entscheidend davon ab, mit wem Sie es zu tun haben und in welcher Situation Sie sich befinden. Denn es wäre ziemlich unklug, bei der Gehaltsverhandlung den Spruch des Chefs »Glauben Sie im Ernst, dass Sie so viel Geld wert sind?« mit »O ja, und außerdem glaube ich, dass Sie ein verdammter Geizhals sind!« zu parieren. Dagegen ist es absolut in Ordnung, den stark alkoholisierten Kollegen, der frau auf der Betriebsfeier handgreiflich zu Leibe rückt, mit einem knallharten »Danke, mir *ist* schon schlecht!« abzuschmettern. Die Schlüssel zum Erfolg sind Menschenkenntnis und die Fähigkeit, Situationen zutreffend einschätzen zu können.

Mit wem habe ich's zu tun? – Menschenkenntnis

Menschenkenntnis ist kein geheimnisvolles Talent, das man von Natur aus besitzt oder nicht, Sie können diese Fähigkeit ebenso üben wie Schlagfertigkeit. Genau genommen ist unser ganzes Leben ein Training in Menschenkenntnis. Und wenn wir uns bisweilen verblüfft, entsetzt oder gar zutiefst verletzt fragen: »Wie konnte ich mich in diesem Menschen nur *so* irren?«, dann liegt es zumeist daran, dass wir uns aus irgendeinem Grund einer Täuschung hingegeben und die entsprechenden Warnsignale nicht wahrgenommen haben. Die Kollegin beispielsweise, die so freundlich und umgänglich erschien und Ihnen dann eiskalt den heiß ersehnten Job wegschnappt, hat sicherlich schon im Vorfeld Beweise ihrer Cleverness und ihres Ehrgeizes abgelegt. Bei der Freundin, der Sie Ihre geheimsten Gedanken anvertrauten, bis aufflog, dass sie hinter Ihrem Rücken alles weitertratscht, hätten Sie gewarnt sein müssen, als sie Ihnen die Geheimnisse anderer preisgab. Und bei dem Lover, den Sie für den Mann Ihres Lebens hielten und der urplötzlich mit einer anderen auf und davon ist, hatte die Fassade von inniger Verbundenheit und tiefer Überstimmung bestimmt schon geraume Zeit zuvor zu bröckeln begonnen.

Menschenkenntnis setzt also zuallererst das genaue Hinsehen voraus (siehe Übung 1, S. 71) und die Bereitschaft, Ihren ersten Eindruck der oder des Betreffenden von Zeit zu Zeit einer Prüfung zu unterziehen (siehe Übung 2, S. 72). Ist Kollege Schmidt tatsächlich mufflig und unfreundlich oder entpuppt er sich bei näherem Kennenlernen schlicht als schüchtern? Teilt Ihre neue große Liebe Ihre Ansichten wirklich so vollkommen, wie Sie glauben, oder blenden Sie seine abweichenden Äußerungen einfach aus? Ist der neue Chef wirklich so locker, wie es den Anschein hat, oder verbergen sich hinter seiner vermeintlichen Lässigkeit womöglich knallharte Ansprüche?

Als souveräne Zicke sollten Sie sich nach Möglichkeit darüber im Klaren sein, mit wem Sie es gerade zu tun haben und wie die oder der Betreffende »gestrickt« ist. Denn während Sie beim einen mit einem frechen Spruch was erreichen, fühlt sich ein anderer, der weniger Humor hat, vielleicht auf den Schlips getreten. Viele Menschen besitzen eine Antenne für Ironie und verstehen feine Anspielungen, andere wiederum nehmen Sie beim Wort und fassen in Ironie verpackte Kritik womöglich als Bestätigung oder gar Kompliment auf. Und auf manch »groben Klotz gehört ein grober Keil«, das heißt ein gezielter Hieb, um einen unverschämten oder zudringlichen Menschen in die Schranken zu weisen.

Es liegt auf der Hand, dass Sie gesundes Selbstbewusstsein brauchen, um Ihre Mitmenschen zutreffend einschätzen zu können – doch das besitzen Sie als souveräne Zicke ja glücklicherweise! Sie erliegen nicht der Illusion des braven Schäfchens, das andere grundsätzlich attraktiver, charmanter, intelligenter, begabter oder geschickter findet als sich selbst. Sie haben es weder nötig, andere anzuhimmeln und zu vergöttern (um sich in ihrem Abglanz ein wenig zu sonnen), noch verlangen Sie von Ihrer Umwelt, den roten Teppich auszurollen, wenn Sie kommen. Stattdessen besitzen Sie einen klaren, unverstellten Blick für die Vorzüge und Schwächen Ihrer Mitmenschen – nutzen Sie ihn zu Ihrem Vorteil!

Worum geht's eigentlich? – Die drei kommunikativen Grundsituationen

Die zweite Voraussetzung für den passgenauen Konter ist die Fähigkeit, Situationen richtig einzuschätzen. Nur auf dieser Grundlage können Sie beurteilen, welche Form der Schlagfertigkeit im jeweiligen Fall angebracht ist: Sollten Sie mit einem lockeren Spruch kontern, eine ironische Bemerkung fallen lassen oder lieber eine entschiedene Aussage machen? Blödeln oder streiten? Verhandeln oder abwehren? Sich engagieren oder einfach weghören?

Zweifelsohne ist jede Situation auf ihre Weise einzigartig – so ist nun mal das Leben. Dennoch gibt es objektive Kriterien, die Ihnen eine zutreffende Einschätzung der jeweiligen Lage ermöglichen. Das erste Kriterium ist die Atmosphäre: Geht es locker-ausgelassen zu (zum Beispiel in geselliger Runde mit Freunden), herrscht ein sachlich-nüchterner Ton (etwa in einem Meeting) oder wird – offen oder versteckt – ein Konflikt ausgetragen?

Das zweite Kriterium ist Ihre Intention: Verfolgen Sie keine bestimmte Absicht, außer vielleicht, sich durch witzige Sprüche gekonnt in Szene zu setzen (etwa beim Mittagessen in der Kantine), ist das Ergebnis der Unterredung für Sie von mäßigem Interesse (beispielsweise Entscheidungen über Projekte, an denen Sie keinen maßgeblichen Anteil haben), oder steht viel für Sie auf dem Spiel (eine Gehaltsverhandlung oder eine Diskussion mit Ihrem Partner über wichtige Belange Ihrer Beziehung)?

Die gesellige Runde

Dies ist die unkomplizierteste Situation: In entspannter Atmosphäre, mit netten, wohlwollenden Menschen und ohne dass Sie ein bestimmtes Ziel verfolgen, können Sie kaum etwas falsch machen. Dennoch sollten Sie die folgenden vier Faustregeln beachten. Erstens: Lassen Sie auch andere zu Wort kommen und vermeiden Sie allzu große Dominanz, denn sonst laufen Sie Gefahr, die kommunikative Symmetrie unter den Beteiligten zu zerstören – und das wird Ihnen nicht gerade Sympathien eintragen. Zweitens: Nutzen Sie die Chance, sich positiv in Szene zu setzen – »vornehme Zurückhaltung« lässt Sie schnell als graue Maus oder im Gegenteil als überheblich erscheinen und diesen Eindruck wollen Sie schließlich nicht erwecken. Drittens: Hüten Sie sich vor übertriebener Ernsthaftigkeit – in fröhlicher Runde eine tief schürfende Diskussion anzustrengen wäre ein echter Stimmungstöter! Viertens: Vermeiden Sie es, andere zu verletzen. Witze auf Kosten Dritter sollten Sie sich – auch wenn sie noch so komisch sind – grundsätzlich verkneifen, es sei denn, Sie wissen genau, dass Ihr »Opfer« viel Humor besitzt und seinerseits nicht auf den Mund gefallen ist.

Die sachlich-nüchterne Situation

Bei den sachlich-nüchternen Situationen geht es um themenbezogene Auseinandersetzungen. Persönliche Beziehungen spielen hier keine oder zumindest keine entscheidende Rolle. Dazu zählen beispielsweise geschäftliche Besprechungen, aber auch die Planung eines Familienfests oder die Diskussion mit Ihrem Partner, in welche Schule Ihr Kind gehen soll: Selbst wenn die Beteiligten sich gut kennen, steht hier nicht der zwischenmenschliche Austausch im Vordergrund (er findet höchstens »zwischen den Zeilen« statt), sondern die Klärung einer konkreten Sachfrage.

Zwar schwingen Sympathien und Antipathien, persönliche Vorlieben und Abneigungen bei jeder zwischenmenschlichen Begegnung mit (schließlich sind wir keine Roboter), doch sollten alle Beteiligten sie in dieser Situation unter Kontrolle haben. Aus diesem Grund ist eine sachlich-nüchterne Atmoshpäre ebenfalls unproblematisch – solange die Sachlichkeit erhalten bleibt.

Reagiert in diesem Umfeld jemand emotional, sollten Sie alles unternehmen, um so schnell wie möglich wieder zur Ebene der sachbezogenen Auseinandersetzung zurückzukehren. Fährt Sie auf einem Meeting beispielsweise eine Kollegin an: »Was wissen *Sie* denn schon?«, erwidern Sie ruhig und gelassen: »Alles, was ich wissen muss«, und kehren zum Thema zurück. (Mehr zum Umgang mit Schlägen unter die Gürtellinie erfahren Sie im Kapitel *»Auf sie mit Gebrüll« – Der Angriff*.)

Das zweite Kriterium, das Ihnen für die zutreffende Einschätzung einer konkreten Situation zur Verfügung steht, ist, wie gesagt, Ihre eigene Intention. Ist das Gespräch unwichtig, mäßig wichtig oder aber von entscheidender Bedeutung für Sie? Nachfolgend finden Sie einige Beispiele für sachlich-nüchterne Situationen, in denen Sie unterschiedliche Absichten verfolgen.

- Nehmen wir an, Sie sitzen in einem Meeting, bei dem Sie keine eigenen Ziele verfolgen, man hat Sie nur als Protokollführerin dazugebeten. Hier ist tatsächlich »vornehme Zurückhaltung« angebracht, das heißt, mischen Sie sich nicht ein, es sei denn, dies wäre ausdrücklich erwünscht. Denn in diesem Fall ist es nicht Ihre Aufgabe, Diskussionsbeiträge zu liefern – im Gegenteil könnte Ihr aktives Eingreifen ins Geschehen sogar die Qualität Ihrer eigentlichen Arbeit beeinträchtigen. Dadurch würden Sie sich – zu Recht – angreifbar machen. Wenn Sie Vorschläge oder Einwände haben, notieren Sie sie auf einem Zettel und besprechen Sie sie zu einem geeigneten Zeitpunkt.

- Anders sieht es aus, wenn Sie nicht völlig unbeteiligt sind, sondern ein gewisses Interesse am Verhandlungsgegenstand haben. Zum Beispiel wenn Sie mit Ihrem Partner und einem befreundeten Pärchen den nächsten Urlaub planen: Es ist Ihnen weitgehend egal, ob Sie in die Türkei fliegen oder nach Spanien, denn Sie möchten einfach nur am Meer sein; keineswegs gleichgültig ist Ihnen aber, ob die Reise an die Nordsee oder ans Mittelmeer gehen soll. In diesem Fall müssen Sie sich engagieren und Ihren Standpunkt mit guten Argumenten vertreten – sachlich, aber energisch, sonst landen Sie am Ende, ganz gegen Ihren Willen, in Norwegen. Angriffe wie »Du bist bloß zu faul und zu träge, um was zu unternehmen!« sollten Sie entschieden abschmettern: »Es ist mein gutes Recht, im Urlaub faul zu sein.« Unterbreiten Sie anschließend einen konstruktiven Vorschlag, zum Beispiel: »Lasst uns doch die Costa del Sol buchen, dann kann ich am Strand liegen und ihr könnt nach Granada fahren und die Alhambra besichtigen.«

- Steht viel für Sie auf dem Spiel, etwa bei einem Einstellungs- oder Kundengespräch, einer Gehaltsverhandlung oder einer Unterredung, bei der ein Konflikt aus der Welt geschafft werden soll, dann ist vor allem eines wichtig: optimale Vorbereitung. (Mehr dazu erfahren Sie im Kapitel *Gespräche führen statt [sich an der Nase herum-] führen zu lassen* im Abschnitt *Optimale Vorbereitung.*) Ruft Sie beispielsweise ein Kunde in einer wichtigen Sache an, lassen Sie sich genau erklären, worum es geht, machen Sie sich Notizen und vereinbaren Sie einen neuen Gesprächstermin. Auf diese Weise gewinnen Sie Zeit, um sich die nötigen Informationen zu besorgen, und falls es sich um eine Beschwerde handelt, können Sie sich eine Argumentationsstrategie zurechtlegen.

Die Konfliktsituation

Ein offener Konflikt ist nicht besonders schwer zu erkennen: Zwei giften sich an und die Spannung im Raum ist mit Händen zu greifen. Zum Beispiel, wenn Sie nach dem Mittagessen in Ihr Büro zurückkommen und feststellen, dass Ihre beiden Zimmergenossinnen sich während Ihrer Abwesenheit in die Haare geraten sind. Sie fühlen sich unbehaglich und fragen sich: Was tun? Mein Tipp: Legen Sie rasch Ihren »Zaubermantel« an (siehe Übung 9, S. 42) – er wird Sie schützen und Ihnen helfen, sich gegen die unangenehme Atmosphäre abzuschotten. Ansonsten tun Sie gar nichts. Denn eine Einmischung von Ihrer Seite, und seien Ihre Absichten noch so gut, birgt die Gefahr, dass beide Kolleginnen mit vereinten Kräften auf *Sie* losgehen. Solange Sie nicht beide Seiten gehört haben, können Sie auch gar nicht beurteilen, wer von beiden im Recht ist. Beginnen die Streithennen unter irgendeinem Vorwand ihre Aggressionen an Ihnen abzureagieren, kontern Sie sachlich: »Ich spüre, dass zwischen Ihnen eine Missstimmung herrscht – machen Sie das bitte unter sich aus und lassen Sie mich aus dem Spiel.«

Schwieriger wird es bei verborgenen Konflikten: Die Atmosphäre ist geladen, aber Sie können nicht genau feststellen, was eigentlich los ist. Sie wissen nur, dass Sie sich unbehaglich fühlen. Vielleicht kennen Sie die folgende Situation: Sie sind zum Essen bei Bekannten eingeladen, und schon, als man Sie hereinbittet, spüren Sie, dass etwas nicht stimmt – Ihre Gastgeber wirken irgendwie gezwungen und angespannt. Doch so gut befreundet sind Sie auch nicht, dass Sie mit der Frage »Habt ihr euch gestritten?« ins Haus fallen könnten.

Machen Sie sich in diesem Fall zunächst einmal klar, dass *Sie* mit dem Konflikt nichts zu tun haben. Bleiben Sie locker und lassen Sie Ihre gute Laune nicht beeinträchtigen. Was immer es war – Sie haben keinen Anteil daran, also brauchen Sie auch jetzt nicht die Verantwortung zu übernehmen und besonders reizend oder besonders hilfsbereit (»Kann ich Ihnen in der Küche helfen?«) zu sein. Beginnen Sie stattdessen ein Gespräch über etwas Unverfängliches, etwa über den letzten Urlaub, über ein gemeinsames Hobby oder ein anderes Thema, das Sie verbindet. (Mehr dazu im Kapitel *Smalltalk – Die Kunst, geistreich nett zu sein.*) Das lenkt ab und beruhigt die Nerven, und wenn die Missstimmung keinen außergewöhnlich schwer wiegenden Grund hatte, werden Ihre Gastgeber früher oder später »auftauen«, so dass einem netten Abend nichts mehr im Wege steht.

Als besonders unerquicklich empfinden wir meist jene Situationen, in denen wir selbst in eine Auseinandersetzung verwickelt sind. Sind Sie unschuldiges Opfer einer Attacke, sollten Sie sich rasch darüber klar werden, was eigentlich los ist: Reagiert da jemand seine Wut oder Enttäuschung an Ihnen ab, die ganz andere verursacht haben? Will er oder sie einen Streit vom Zaun brechen, um sich Luft zu machen? Dann setzen Sie sich selbstbewusst zur Wehr: »Sie sind sehr aufgebracht, aber Ihre Emotionen haben nichts mit mir zu tun – ich erwarte, dass Sie sich entschuldigen!« Oder im privaten

Bereich: »Mecker *mich* nicht an, wenn *dein* Fußballverein verloren hat!« Fühlt sich Ihr Gegenüber von Ihnen in die Ecke gedrängt und schlägt mit dem Holzhammer zurück? Auch hier gilt es souverän und mit kühlem Kopf zu reagieren: »Herr Bayer, ich sehe, Sie wissen nicht mehr weiter. Überdenken Sie doch in Ruhe noch mal Ihre Argumente und dann reden wir weiter.« Lassen Sie sich in nicht in eine Auseinandersetzung verwickeln – *Sie* entscheiden, wann und unter welchen Umständen Sie einen Konflikt austragen wollen und wann nicht.

Wenn ein Streit eskaliert, beispielsweise weil Sie und Ihr Partner sich über die Wochenendgestaltung in die Haare geraten, brechen Sie die Unterredung ab, möglichst *bevor* Sie sich irgendwelche Pauschalanschuldigungen an den Kopf werfen (»*Nie* machst du ...!« – »*Immer* bist du ...!«). Meinungsverschiedenheiten und Interessenkonflikte lassen sich nicht durch Lautstärke klären, sondern einzig durch ein Gespräch auf *sachlicher* Ebene. Doch Sie beide sind im Augenblick viel zu wütend und erregt, um eine konstruktive Lösung zu finden. Trennen Sie sich auch räumlich – verlassen Sie wenigstens für zehn Minuten das Zimmer. Machen Sie einen Spaziergang, widmen Sie sich einer Tätigkeit, bei der Sie wieder zur Ruhe kommen, oder schreiben Sie sich Ihren Zorn von der Seele.

Übungen

1. Trainieren Sie Menschenkenntnis, indem Sie Ihre Mitmenschen aufmerksam beobachten. Was können Sie beispielsweise aus dem Äußeren der Person schließen, die Ihnen morgens in der U-Bahn gegenübersitzt? Was hat sie an? Lässt die Kleidung einen bestimmten Stil erkennen? Ist sie

eher sorgfältig gekleidet oder eher nachlässig? »Zuge-knöpft« oder »offenherzig«? Verrät das Outfit Geschmack, oder ist es eher bunt zusammengewürfelt? Liest Ihr Gegen-über Zeitung? Welche – seriöse Presse oder ein Revolver-blatt? Liest er ein Buch oder eine Fachzeitschrift? Geht er Unterlagen durch? Schaut er aus dem Fenster? Hält er die Augen geschlossen? Sitzt er still da oder können Sie Zei-chen von Unruhe erkennen?

Natürlich lässt die Beobachtung des Äußeren eines Men-schen keine weit reichenden Schlüsse auf seinen Charakter zu. Aber Sie können beispielsweise mit einer gewissen Si-cherheit davon ausgehen, dass ein schlampig gekleideter Mensch auch in seinen übrigen Angelegenheiten nicht ge-rade ein Ordnungsfanatiker ist. Und wer die Boulevard-presse liest, wird sich vermutlich nicht besonders brennend für eingehende politische Analysen interessieren.

Bei dieser Übung geht es nicht darum, Schnellschuss-urteile über wildfremde Menschen zu fällen, sondern ein-fach darum, Ihre Aufmerksamkeit zu schärfen und Ihre Wahrnehmungsfähigkeit zu verbessern. Sie sollten sie als vergnügliches Spiel betreiben und immer im Hinterkopf behalten, dass Ihren Schlussfolgerungen Grenzen gesetzt sind: Ein Mensch, der unruhig auf seinem Sitz hin und her rutscht, muss nicht grundsätzlich ein Zappelphilipp sein – vielleicht ist er nur in diesem Moment nervös, weil ihm et-was Wichtiges, zum Beispiel ein Vorstellungsgespräch, be-vorsteht.

2. Die folgende Übung dient der Überprüfung Ihrer Wahrneh-mungen und Empfindungen. Sie hilft Ihnen zu erkennen, auf welche Weise und auf welcher Basis Sie Ihre Mitmen-schen einschätzen: Neigen Sie eher dazu, Menschen spon-tan und aufgrund des ersten Eindrucks zu beurteilen? Oder gehen Sie lieber analytisch vor und warten bei neuen Be-

kanntschaften zunächst ab, welche Persönlichkeitsstruktur die/der Betreffende im Lauf der Zeit offenbart?

Unterziehen Sie die wichtigsten Menschen, mit denen Sie beruflich und privat zu tun haben, einer Überprüfung. Was denken Sie über sie? Worauf stützt sich Ihre Meinung? Auf Ihre eigenen Beobachtungen und Erlebnisse mit ihr/ihm oder auf das, was andere über sie oder ihn sagen? Was empfinden Sie für sie/ihn? Warum? Können Sie Ihre Gefühle begründen oder kommen sie eher »aus dem Bauch«? Welche Eigenschaften und Verhaltensweisen schätzen Sie an der/dem Betreffenden besonders? Warum? Welche bereiten Ihnen Schwierigkeiten? Weshalb? Gab es in letzter Zeit Anzeichen oder Ereignisse, die Ihnen – jetzt, da Sie darüber nachdenken – signalisieren könnten, dass Ihre Einschätzung der betreffenden Person doch nicht so ganz zutrifft, dass Sie sich möglicherweise in ihr täuschen? Welche Anzeichen oder Ereignisse waren das? Möchten oder sollten Sie mit ihr/ihm darüber reden?

Falls Sie zu jenen Menschen gehören, die ihrer eigenen Urteilskraft nicht trauen und sich lieber der Meinung anderer anschließen, dehnen Sie diese Übung auf weitere Bekannte aus und machen Sie Übung 1 mindestens zwei Wochen lang täglich. Sie werden feststellen, dass Sie zunehmend an Sicherheit gewinnen, einfach weil Sie erkennen, dass jeder Mensch (schon allein durch sein Äußeres) Signale und Zeichen aussendet, die etwas über seine Persönlichkeit verraten. Mit zunehmendem Training wird es Ihnen immer leichter fallen, sie zu entschlüsseln.

3. Wenn Sie den Verdacht hegen, jemand führe etwas gegen Sie im Schilde, aber nicht wissen, was genau, oder sich Ihrer Sache nicht sicher sind, empfehle ich Ihnen folgende Vorgehensweise, mit der Sie verborgene Absichten ans Licht bringen können. Beschreiben Sie, am besten schrift-

lich, die Situation. Worum geht es, was ist das Ziel, was steht zur Debatte? Was wollen Sie genau? Was gibt die/der andere vor zu wollen? Seien Sie so präzise wie möglich in Ihren Ausführungen.

Versetzen Sie sich nun in die Person Ihres Widersachers: Was könnte er (oder sie) beabsichtigen? Geht es darum, Sie zu diskreditieren? Warum – welchen Vorteil würde Ihr Gegner daraus ziehen? Stünde sie/er dann in besserem Licht da? Würde sie/er beruflich daraus Kapital schlagen? Will sie/er Sie von Freunden oder Kollegen isolieren? Was hätte sie/er davon? Verfolgen Sie und die betreffende Person, obwohl Sie eigentlich an einem Strang ziehen, in diesem speziellen Fall verschiedene Ziele?

Wenn Sie sicher sind, dass da tatsächlich etwas im Busch ist, gehen Sie zu der betreffenden Person und sagen Sie es ihr auf den Kopf zu. Bleiben Sie aber unbedingt sachlich! Zum Beispiel: »Frau Becker, ich weiß, dass Sie sich, wie ich, um den Posten der Gruppenleiterin beworben haben. Schade, dass Sie nicht das Vertrauen (oder den Mut) hatten, es mir zu sagen. Ich stelle mich gern der Konkurrenz und schlage vor, dass wir mit fairen Mitteln arbeiten.« Die Widersacherin ist nun gewarnt und wird es sich in Zukunft dreimal überlegen, bevor sie hinter Ihrem Rücken krumme Dinger dreht – sie weiß ja, dass Sie ein wachsames Auge auf sie und ihre Machenschaften haben werden. Falls die Intrigantin bereits den Kollegenkreis infiltriert hat, bringen Sie die Angelegenheit auch dort zur Sprache, entweder indem Sie nüchtern erklären, sie beide hätten sich ausgesprochen, oder mit einem frechen Spruch, etwa: »Frau Becker fühlt sich meiner Konkurrenz nicht gewachsen, aber wir kämpfen jetzt mit offenem Visier.«

Männer ticken anders – Frauen auch

Haben Sie auch schon mal den Stoßseufzer »*Sie* verstehe ich ja, aber was meint *er* denn bloß?« gen Himmel geschickt? Dann waren Sie mit der Tatsache konfrontiert, dass Männer und Frauen Unterschiedliches meinen, wenn sie etwas sagen, beziehungsweise dass sie ihre Absichten auf ganz unterschiedliche Weise ausdrücken.

Wenn Frauen reden, geht es um viel mehr als nur um das Thema, das gerade erörtert wird. Der Gesprächsgegenstand bildet gewissermaßen nur die Spitze des Eisbergs, während sich unter der Oberfläche ein höchst komplexes Geschehen abspielt: Es werden nämlich *Bindungen* ausgehandelt, das Verhältnis von Nähe beziehungsweise Distanz zum Gesprächspartner ausgelotet und Gefühlskontakte hergestellt. Der Schlüssel zur weiblichen Kommunikation ist *Intimität*. Ein Plausch unter Kolleginnen über das vergangene Wochenende ist somit keineswegs nur ein schlichter Austausch von Informationen in der Art »Was hast du gemacht, was habe ich gemacht?«. Insgeheim verständigen sich die beiden darüber, wie nahe sich sich stehen, was sie verbindet und welcher Art ihre Gefühle füreinander sind.

Kein Wunder, dass man von Männern so oft hört, sie verstünden die Frauen nicht. Denn für sie steht beim Kommunizieren die Darstellung ihrer *Unabhängigkeit* im Vordergrund. Ein Mann, der einem Kollegen berichtet, dass er am gestrigen Sonntag mit Freunden beim Segeln war, erzählt damit gleichzeitig dreierlei. Erstens: »Schau, wie *unabhängig* ich bin – Frau und Kinder habe ich nämlich zu Hause gelassen!«. Zweitens: »Ich habe eine *machtvolle* Position inne, meine Frau tut, was ich sage.« Und drittens gibt er Auskunft über seinen *Status* samt zugehörigem Objekt: »Ich besitze ein Segelboot.«

Frauen mag das als albernes Imponiergehabe erscheinen, zumal sie selbst, um Nähe zu erzeugen, Unterschiede eher herunterspielen und stattdessen die Gemeinsamkeiten betonen. Doch genauso verständnislos reagiert ein Mann, wenn eine Frau erst auf bohrendes Nachfragen damit rausrückt, dass sie eine Abteilung mit dreißig Mitarbeitern führt. Wie, so fragt er sich, kann sie dieser Tatsache bloß so wenig Bedeutung beimessen? Warum hat sie das denn nicht gleich gesagt – dann hätte ich doch schon viel früher gewusst, mit wem ich es zu tun habe! Für ihn ist die Stellung seines Gegenübers innerhalb der Hierarchie und sein gesellschaftlicher Status ein entscheidendes Kriterium. Seine Gesprächspartnerin hingegen versteht nicht, warum er sich stundenlang damit aufhält, ihr zu erzählen, was er beruflich macht, welche Position er innehat und welches Auto er fährt – sie wollte ergründen, wie er *ist*, das heißt, was sie beide verbindet oder verbinden könnte ...

Das soll keine Wertung sein – Männer »ticken« eben so und Frauen anders. Es bedeutet auch keineswegs, dass alle Männer brusttrommelnde Gorillas wären und alle Frauen gluckende Hennen. Es geht mir nur darum, allgemeine Tendenzen beim (Sprech-)Verhalten von Frauen und Männern aufzuzeigen, damit Sie wissen, worauf Sie achten sollten.

Beispielsweise reagieren die meisten Frauen sehr empfindlich auf Ausgrenzungsversuche. Schon eine harmlose Bemerkung wie »Ich gehe heute nicht mit dir in die Kantine« kann eine ernsthafte Verstimmung heraufbeschwören, liefern Sie nicht schnell die Erklärung »Ich muss einkaufen« nach. Männer indes erweisen sich gegen so etwas in weit höherem Maß als immun, weshalb frau häufig recht deutlich werden muss, will sie etwa seinen Avancen ein Ende setzen.

Da Männern ihr Status eminent wichtig ist (und sie von sich auf andere schließen), sollten Sie im Berufsleben darauf achten, dass Sie Ihre eigenen Leistungen und Erfolge in angemessener Weise darstellen. Bescheidenheit ist (im Job!) *keine* Zier, denn wenn Sie Ihren Erfolg nicht entschieden für sich reklamieren, wird ihn sich ein anderer (Ihr Kollege oder Ihr Chef) ans Revers heften. Und darüber hinaus womöglich noch verbreiten, Sie seien zu doof, um zu merken, wie gut Sie sind.

Auch nett gemeinte Floskeln wie »Ich glaube, dass ...« oder »Mir scheint ...« oder »Ich persönlich habe den Eindruck ...« machen sich auf Meetings nicht gut. Verzichten Sie deshalb auf solche Einleitungen und kommen Sie ohne Umschweife zu Sache: »Das und das ist so und so.« Dass Sie damit Ihre persönliche Einschätzung zum Ausdruck bringen, ist ohnehin klar, denn auch Kollege Sommer tut einzig seine subjektive Meinung kund, wenn er sagt: »Der Kunde XY ist schwierig.« Doch gerade weil er seine Aussage schnörkellos formuliert und entschieden vorgetragen hat, wird er von den Kollegen ernst genommen. Eine vorsichtige Formulierung wie »Ich glaube, mit dem Kunden XY könnten wir Schwierigkeiten bekommen« würde dagegen in erster Linie als Zögerlichkeit und Unsicherheit der Sprecherin aufgefasst.

Männer kommunizieren nicht nur anders als Frauen, sie denken auch anders. Männer konzentrieren sich auf *ein* Problem oder Ziel und darauf richten Sie all ihre Kraft. Frauen hingegen besitzen die Fähigkeit, mehrere Dinge gleichzeitig im Blick zu behalten und auch scheinbar Nebensächliches in ihre Überlegungen und Planungen einzubeziehen. Sie sehen nicht nur, was zur Erreichung ihres Ziels oder zur Lösung des Problems notwendig ist, sondern sie denken weiter. So weiß jede Sekretärin, dass der auswärtige Besucher nicht nur zur richtigen Zeit an den richtigen Ort gelotst werden muss, sondern dass er nach der wichtigen Besprechung auch ein Bett zum Schlafen braucht – was dem Chef wieder mal entfallen war, weil er sich einzig auf die Verhandlungsvorbereitung konzentriert hatte.

Diese Fähigkeit trägt uns bisweilen den Vorwurf ein, wir seien allzu vorsichtig und hätten »immer irgendwelche Einwände«. Oder auch, wir könnten keine schnellen Entscheidungen treffen und müssten »alles ewig bereden«. Lassen Sie sich dadurch nicht irremachen. Denn die Fähigkeit, vieles gleichzeitig zu bedenken, bedeutet auch, auf unvorhergesehene Ereignisse spontan und angemessen reagieren zu können. Weil Frauen von Natur aus die besseren Kommunikatorinnen sind, haben sie im Allgemeinen viel mehr Kontakte als Männer. Und sie wissen sie zu pflegen – eine Kunst, die die meisten Männer im Zeitalter des Netzwerkens erst mühsam erlernen müssen.

Wo stehe ich? – Der Umgang mit Hierarchien

Zweifelsohne ist die Gleichberechtigung aller Menschen ein erstrebenswertes Ideal, doch die raue Wirklichkeit sieht leider anders aus: Hierarchien sind Bestandteil unseres Lebens. Manchmal ergeben Sie sich ganz natürlich aufgrund unterschiedlicher Fähigkeiten, Verantwortung zu übernehmen und Entscheidungen zu treffen, etwa bei Eltern und Kindern, häufig jedoch sind sie recht willkürlich, insbesondere in der Arbeitswelt. Weil sie so allgegenwärtig sind in unserer von männlichen Vorstellungen und Bedürfnissen geprägten Gesellschaft, ist es wichtig, dass Sie die in der jeweiligen Situation bestehende hierarchische Ordnung erkennen und Ihre Gesprächsführung danach richten.

Das heißt keineswegs »nach oben buckeln und nach unten treten«. Selbstverständlich will ich Sie nicht auffordern, sich »höheren Chargen« gegenüber devot zu verhalten und sich gegenüber Rangniedrigeren aufzuspielen. Vielmehr erfordert der Umgang mit Hierarchien unser Feingefühl. Denn mit Ihrem Chef können Sie nun mal nicht wie mit Ihrer besten Freundin umspringen: Sei das Verhältnis noch so kollegial und entspannt, ein Chef bleibt ein Chef und er kann – im Zweifelsfall – über Ihr berufliches Wohl und Wehe entscheiden.

Bei der Kommunikation lassen sich drei hierarchische Gefüge unterscheiden: Sie sind entweder in der stärkeren Position (als Kundin gegenüber Dienstleistern, als Vorgesetzte gegenüber Ihren Mitarbeitern) oder in der schwächeren Position (als Angestellte gegenüber dem Chef) oder Sie sind gleichberechtigt (im Freundes- und Kollegenkreis).

Höflichkeit ist Trumpf!

Haben Sie es mit einer Asymmetrie von oben nach unten zu tun, achten Sie besonders auf höfliche Umgangsformen. Zwar sind Sie in der strukturell schwächeren Position, doch Unverschämtheiten gleich welcher Art dürfen Sie sich von *niemandem* gefallen lassen, auch nicht von Vorgesetzten. Das Vorstandsmitglied, das Sie vor dem Aufzug ungeduldig beiseite drängt, benimmt sich schlecht – und das sollten Sie ihm auch klarmachen. Ein kurzes »Hoppla!« oder auch ein ironisches »Bitte nach Ihnen« genügt, um Ihr Selbstwertgefühl zurechtzurücken und ihm vor Augen zu führen, dass er sich nicht korrekt verhalten hat. Denken Sie daran: Dass jemand ein höheres Gehalt bezieht, heißt mitnichten, dass er »mehr wert«, »wichtiger« oder »bedeutender« wäre als Sie! (Wenn der Betreffende das so sieht, ist das *seine* Wahrheit, aber keineswegs *die* Wahrheit.)

Die zweite Faustregel für diese Konstellation lautet: Bleiben Sie sachlich. Wohl dosierte kleine Gags zur Auflockerung der Atmosphäre oder um das Eis zu brechen sind immer gut, und wenn Sie sicher sind, die Situation im Griff zu haben, können Sie auch mal den einen oder anderen kecken Spruch wagen.

Aber ob Sie eine aggressive »Power-Replik« anbringen, sollten Sie sich doch besser zweimal überlegen. Fragt Sie der Chef etwa: »Glauben Sie im Ernst, dass Sie so viel Geld wert sind?« schießen Sie besser nicht zurück, sondern führen sachlich Ihre Argumente ins Feld – schließlich haben Sie sich bei der Gesprächsvorbereitung genau überlegt, welche Vorzüge Sie besitzen und worin Ihr Beitrag zur Wertschöpfung der Firma besteht.

Setzen Sie Ihre Wünsche elegant und selbstbewusst durch

Anders stellt sich die Situation dar, wenn Sie in der stärkeren Position sind. Die mufflige Verkäuferin oder den patzigen Kellner brauchen Sie keineswegs seufzend zu ertragen – Sie sind Königin Kundin und haben ein Recht darauf, dass Ihre Wünsche vom Dienstleister freundlich und entgegenkommend erfüllt werden. Schließlich bezahlen Sie dafür! Wenn eine arbeitsunlustige Verkäuferin Sie nach abschätzigem Blick mit der Bemerkung »Diese Hose passt Ihnen sowieso nicht« von der Anprobe abhalten will, dann erwidern Sie entschieden (und wenn's sein muss, von oben herab): »Das lassen Sie mal *meine* Sorge sein und bringen Sie mir bitte noch die rote Bluse da drüben!« Was den unverschämten Kellner betrifft, so konnte ich kürzlich eine hübsche Szene in einem Nobelitaliener beobachten: Eine Frau betrat allein das Lokal und wurde vom Ober zu einem winzigen Tischchen neben der Toilette geführt. Der Platz gefiel ihr offensichtlich nicht und es entspann sich folgender Dialog:

Sie: Würden Sie Verona Feldbusch auch an diesen Tisch abschieben?

Er *(mürrisch)*: Nein.

Sie: Bezahlt Verona Feldbusch höhere Preise als ich?

Er *(verwirrt)*: Äh, nein, natürlich nicht.

Sie: Dann geben Sie mir jetzt bitte den Tisch, den Sie Verona Feldbusch geben würden!

Ich bin überzeugt, die Dame hätte in aller Gelassenheit den Geschäftsführer herbeizitiert, wäre der Kellner weiterhin störrisch geblieben. Doch er geleitete sie zu einem schönen Tisch und bediente sie, wie ich beobachten konnte, sehr zuvorkommend. Sie sehen, wenn Sie die Macht haben, können und dürfen Sie sie ausspielen. Manchmal *müssen* Sie es sogar. Dass das ganz ohne Gezeter, dafür aber mit Eleganz und Selbstbewusstsein geht, zeigt obiges Beispiel.

Eleganz und Selbstbewusstsein sollten Sie auch als Vorgesetzte im Umgang mit Ihren Mitarbeitern an den Tag legen. Als souveräne Zicke haben Sie es nicht nötig, einen Kult um sich und Ihr Chefsein zu machen (wie so viele männliche Kollegen), doch neigen Sie auch nicht zu unangebrachter Gleichmacherei. Sie wissen sich Respekt zu verschaffen, wo es nötig ist, und sind in angemessenem Umfang kooperativ, haben aber auch keine Angst, Entscheidungen zu treffen, die nur Sie treffen können. Gegen kumpelhafte Anbiederungsversuche wissen Sie sich ebenso zur Wehr zu setzen (»Ich fürchte, Sie haben sich da im Ton vergriffen«) wie gegen Versuche, Ihre Autorität und Kompetenz in Zweifel zu ziehen (»Ich weiß schon, was ich tue, da können Sie ganz beruhigt sein – und sich auf *Ihre* Arbeit konzentrieren«).

Der richtige Ton gegenüber Freunden und Kollegen

Die dritte Gesprächskonstellation ist die symmetrische und somit durch das Fehlen einer Hierarchie charakterisiert. Dennoch ist auch unter Gleichberechtigten ein gewisses Feingefühl unerlässlich. Denn während Sie Ihren Kollegen, zu dem Sie ein hervorragendes Verhältnis haben, schon mal spaßhaft als »Schlafmütze« titulieren können, wenn er wieder irgendwas vergessen hat, wird er auf die Begrüßung »Du Penner!« wohl eher verärgert reagieren. Will sagen: Achten Sie auch gegenüber Freunden und anderen Ihnen nahe stehenden Menschen darauf, dass Sie sich nicht im Ton vergreifen. Mag er oder sie Ihnen auch überempfindlich erscheinen, denken Sie daran: Jeder hat das Recht, seine persönlichen Wertmaßstäbe aufzustellen und seine Grenzen zu ziehen. Auch wenn die »Pennerin« *Sie* nicht aus der Bahn geworfen hätte, *er* fühlte sich in seiner Würde verletzt. Bedenken Sie also, *wem* sie *was* an den Kopf werfen. Und wenn Sie merken, dass Sie zu weit gegangen sind, sagen Sie sofort, dass es Ihnen Leid tut. Eine unpassende Bemerkung kann jedem mal rausrutschen, aber nonchalant darüber hinwegzugehen ist wirklich unverzeihlich.

Übungen

1. Machen Sie sich in nächster Zeit den Spaß, bei Frauen und Männern auf Untertöne zu lauschen: Wie vermittelt ein Mann seine Meinungen und Wünsche, wie eine Frau? Welche grundlegenden Absichten verbergen sich dahinter?

   Können Sie bei sich selbst »typisch weibliche« Formulierungen und Äußerungen entdecken? Üben Sie, sich im Beruf (und nur hier!) männliche Ausdrucksweisen anzueignen (siehe S. 77). Verzichten Sie auf nett gemeinte, aber nichts sagende Floskeln und kommen Sie ohne Umschweife zur Sache; vertreten Sie Ihre Ansichten und Anliegen schnörkellos und geradlinig (»Das und das ist so und so«). Unsere Arbeitswelt wird nach wie vor von Männern dominiert, und wenn Sie als Frau nach oben wollen, sollten Sie darauf achten, dass man(n) Sie versteht.

   Um Ihren eigenen Sprechstil kennen zu lernen, schreiben

Sie auf, wie Sie ein bestimmtes Anliegen formulieren, einen Sachverhalt schildern oder eine Präsentation aufziehen würden. Streichen Sie anschließend alles aus Ihrem Text, was keine substanzielle Aussage hat. Lesen Sie sich den neuen Text so oft vor, bis Sie den knappen Sprechstil überzeugend rüberbringen können. Am besten lässt sich die Wirkung überprüfen, wenn Sie Ihren Text auf Tonband aufnehmen.

2. Achten Sie in nächster Zeit darauf, wie Sie sich innerhalb hierarchischer Strukturen verhalten: Sind Sie Ihrem Chef gegenüber allzu kleinlaut, erfüllen Sie seine Wünsche allzu bereitwillig? Wie gehen Sie mit der Putzfrau oder dem Büroboten um – behandeln Sie sie/ihn von gleich zu gleich oder von oben herab? Wenn Letzteres – warum? Wie verhalten Sie sich als Kundin – pochen Sie auf Ihr Recht oder lassen Sie sich von unfreundlichen Dienstleistern leicht einschüchtern? Passiert es Ihnen ab und zu, dass Sie sich gegenüber Freunden und Kollegen im Ton vergreifen?

Wenn Sie feststellen, dass Sie an Ihrem Verhalten etwas ändern möchten, belassen Sie es nicht beim guten Vorsatz, sondern tun Sie es: Machen Sie dem Chef gegenüber den Mund auf (vielleicht haben Sie Lust, sich noch mal den Abschnitt *Geben Sie Kontra im Job*, S. 48, durchzulesen), seien Sie nett zur Putzfrau, lassen Sie den korkenden Wein im Restaurant zurückgehen und verzichten Sie im Umgang mit Gleichgestellten auf allzu forsche Schnoddrigkeit.

Sie haben die Wahl –
Die sieben Möglichkeiten,
souverän Kontra zu geben

Wie Sie in den vorhergehenden Kapiteln gesehen haben, gibt es *die* schlagfertige Erwiderung nicht. Was und wie Sie antworten, hängt nicht nur von der »Vorlage« Ihres Gesprächspartners ab, sondern auch von seiner Persönlichkeit, der Situation, Ihrer Zielsetzung und der bestehenden Hierarchie.

Wenn Sie die bisherigen Übungen ausgeführt haben, sind Sie nun bestens gerüstet, sich ins »Kampfgetümmel« zu stürzen. Sie haben die Quelle Ihrer sprachlichen Schöpferkraft zum Sprudeln gebracht und Ihren Humor entdeckt. Als souveräne Zicke besitzen Sie genügend Selbstvertrauen und Konfliktbereitschaft, um Ihre Standpunkte energisch zu vertreten, Ihre Argumente in angemessener Weise vorzutragen und sich in keiner Weise unterbuttern zu lassen. Und schließlich verstehen Sie es, Ihren Gesprächspartner und die jeweilige Gesprächssituation zutreffend einzuschätzen.

In diesem Kapitel werde ich Ihnen nun die sieben grundlegenden Möglichkeiten vorstellen, wie Sie sich gegen miese Attacken und dumme Sprüche zur Wehr setzen können. Diese sind:

- **Ignorieren:** Lassen Sie den Angreifer ins Leere laufen, indem Sie den Ball, den er Ihnen zugespielt hat, einfach nicht auffangen. Sei es, weil die Attacke wirklich *zu* dämlich und vollkommen unter Ihrer Würde war, sei es, dass Sie sich nicht auf Nebenkriegsschauplätzen verlieren wollen, weil das behandelte Sachthema zu wichtig ist.
- **Verwirren:** Fangen Sie den Angriff ab, indem Sie den Widersacher aus dem Konzept bringen: durch absichtlich her-

beigeführte Missverständnisse, absurde Erwiderungen oder verdrehte Sprichwörter.

- **Ablenken:** Richten Sie die Aufmerksamkeit des Angreifers auf etwas anderes, vorzugsweise auf ihn selbst.
- **Frech kontern:** Setzen Sie der Attacke Ihrerseits einen witzig-frechen Spruch entgegen.
- **Eine Gegenfrage stellen:** Entlarven Sie so den Angriff als subjektive Sichtweise des Angreifers.
- **Zurechtweisen:** Machen Sie dem Angreifer klar, dass er sich im Ton vergriffen und Ihre Würde verletzt hat, und verlangen Sie eine Entschuldigung.
- **Die eigene Macht ausspielen** oder **sich auf eine höhere Ebene begeben:** Zeigen Sie dem Angreifer, dass er sich in unterlegener Position befindet, oder stellen Sie das gemeinsame Ziel heraus, das in der betreffenden Situation angestrebt wird.

Im Folgenden finden Sie drei Beispiele, die jeweils die sieben Möglichkeiten des souveränen Konters veranschaulichen. Grundsätzlich wichtig ist, sich bewusst zu machen, dass *Sie* es sind, die entscheidet, wie Sie auf den Angriff reagieren und ob überhaupt. Ob Sie den Ball auffangen oder achtlos in die Ecke rollen lassen, ob Sie sich den Schuh anziehen oder dem Angreifer die stinkenden Treter zurückgeben, ob Sie die Attacke mit erhobenem Schild abwehren oder Ihre Macht ausspielen, um den Widersacher zu entwaffnen, ist einzig und allein *Ihre* Entscheidung. Niemand kann Sie zwingen, einen dummen Spruch zur Kenntnis zu nehmen, ungerechtfertigte Kritik zu ertragen, eine miese Anspielung auf sich zu beziehen oder auf einen bösen Witz »humorvoll« zu reagieren, statt zurückzuschlagen.

»Wie siehst *du* denn aus ...?!«

Die Situation: Sie waren gerade beim Friseur, haben sich die Haare zum ersten Mal in einem auffallend gewagten Rotton färben lassen und treffen sich nun mit Ihrem Herzallerliebsten in der Kneipe. Wie können Sie auf sein »Wie siehst *du* denn aus ...?!« reagieren?

- Sie **ignorieren** ihn. Da Sie sich in voller Absicht zu einem auffallenden Äußeren entschlossen haben, trifft die Attacke Ihres Lovers Sie überhaupt nicht – im Gegenteil, sie beweist nur, dass Sie Ihr Ziel erreicht haben.

- Sie **verwirren** Ihren Partner, zum Beispiel mit einem schlichten »Stimmt!« Oder auch mit: »Stimmt, und draußen scheint die Sonne.« Letzteres ist besonders absurd, wenn Sie sich an einem Winterabend verabredet haben. Dadurch nehmen Sie ihm den Wind aus den Segeln, denn er beginnt nun zu überlegen, was Sie denn um Himmels willen gemeint haben könnten ...

- Sie starten ein **Ablenkungsmanöver**, etwa: »Du hast da einen Fleck am Kragen.« Das braucht nicht der Wahrheit zu entsprechen, aber da Ihr Freund einen eventuellen Fleck an dieser Stelle nicht so ohne weiteres erkennen kann, wird er beginnen, an seinem Hemd herumzunesteln oder sogar zur Toilette gehen, um Ihre Aussage zu überprüfen. Auf jeden Fall haben Sie seine Aufmerksamkeit von sich weggelenkt und ihn von seinem Kollisionskurs abgebracht.

- Die **Gegenfrage** »Meinst du?« oder »Stellt sich das für dich so dar?« wird zunächst ebenfalls eine gewisse Verwirrung auslösen, da sie in keinem sinnvollen Zusammenhang mit der Aussage Ihres Lovers steht. Vor allem aber vermitteln Sie Ihrem Gesprächspartner damit souverän, dass es *sein* »Problem«, *seine* subjektive Meinung ist, wenn Ihr Aussehen ihm nicht zusagt.

- Der **freche Konter** könnte in einer witzigen Gegenattacke bestehen: »Jedenfalls besser als du!« oder: »Hervorragend, ganz im Gegensatz zu dir.« Oder Sie greifen zu einer ironischen Erwiderung: »Ich werde dich in Zukunft zu meinem Stylingberater machen.« Oder zu einer absurden Übertreibung: »Mein Büro ist so feucht, ich fange an zu rosten!«
- Möglichkeit Nummer sechs ist die **Zurechtweisung**, beispielsweise: »Du hast dich im Ton vergriffen – ich erwarte, dass du dich entschuldigst!« Diese Strategie empfiehlt sich, wenn Sie sich wirklich getroffen fühlen, weil Ihr Freund Ihre persönlichen Grenzen überschritten hat und Sie grundsätzlich *so* nicht mit sich umspringen lassen.
- Und schließlich können Sie **Ihre Macht ausspielen**, wenn Ihnen das Ganze wirklich entschieden gegen den Strich geht: »Das geht dich überhaupt nichts an, kümmer dich um deine eigenen Angelegenheiten!«

»Was haben Sie sich denn da wieder geleistet?!«

Die Situation: Sie haben als Artdirector eine Werbekampagne geplant. Doch auf einmal macht der Kunde einen Rückzieher und behauptet, seine Wünsche seien nicht berücksichtigt worden. Der Agenturchef wirft Ihnen obigen Spruch an den Kopf.

- Sie **überhören** den Angriff. Sie wissen, dass Sie verantwortungsbewusst und korrekt gehandelt haben – dass die Sache schief gelaufen ist, lag nicht an Ihnen. Abgesehen davon ist der implizite Vorwurf, Sie hätten bereits mehrmals Fehler gemacht (gar unverzeihliche) vollkommen ungerechtfertigt, wie Ihrem Chef bekannt ist. Wenn Sie nicht wollen, brauchen Sie auf seine Attacke also nicht einzusteigen.

- Sie **verwirren** Ihr Gegenüber durch eine absurde Erwiderung, etwa ein verdrehtes Sprichwort: »Wer andern eine Grube gräbt, ist selbst ein Schwein.« Er wird auf jeden Fall verblüfft innehalten; vielleicht bezieht er den Spruch sogar auf sich und überlegt, welchen versteckten Vorwurf er enthalten könnte. Auf jeden Fall gewinnen Sie durch seine Denkpause Zeit – zum Beispiel um sich Ihren »Zaubermantel« (siehe Übung 9, S. 42) überzuwerfen.

- Das **Ablenkungsmanöver** könnte in einer Frage bestehen: »Apropos: Haben Sie sich eigentlich schon bei Herrn XY gemeldet? Er wartet dringend auf Ihren Rückruf.« Damit richten Sie die Aufmerksamkeit Ihres Chefs auf seine eigenen Angelegenheiten.

- Beim **flotten Konter** sollten Sie die asymmetrische hierarchische Situation (siehe voriges Kapitel) berücksichtigen, doch ein absichtliches Missverständnis wie »Ja, ich finde die Kampagne auch sehr gelungen« können Sie durchaus riskieren.

- Mit der **Gegenfrage** »Verstehe ich recht – Sie wollen sagen, meine Leistung entspräche nicht Ihren persönlichen Vorstellungen?« machen Sie die Unzufriedenheit des Chefs zu *seinem* Problem und bringen ihn dazu, seine schwammige Pauschalkritik zu präzisieren. Da sein Vorwurf jedoch unbegründet ist (schließlich sind Sie nicht für den Sinneswechsel des Kunden verantwortlich), wird er nicht viel sagen können.

- Die **Zurechtweisung** ist ein Mittel, um Ihrem Chef klarzumachen, dass Sie Höflichkeit und die Beachtung der Spielregeln des zwischenmenschlichen Umgangs von ihm erwarten: »Sie sind momentan sehr aufgebracht. Ich schlage vor, unser Gespräch auf einen späteren Zeitpunkt zu verlegen.«

- Ihrem Vorgesetzten gegenüber können Sie schlecht Ihre Macht ausspielen, doch Sie können sich auf eine höhere Ebene begeben und das gemeinsame Ziel herausstellen: »Es geht jetzt nicht um meine Leistung, sondern darum, dass wir eine konstruktive Lösung finden.«

»Sie haben doch keine Ahnung!«

Die Situation: Sie sind Abteilungsleiterin in einer Softwarefirma und haben eine Teamversammlung einberufen, bei der es um den Entwicklungsstand eines bestimmten Produkts und Marketingstrategien zu seiner Einführung geht. Ein Entwickler reitet obige Attacke gegen Sie.

- Da völlig klar ist, dass es sich um leeres Gerede handelt, und Ihnen zudem daran gelegen ist, die Gruppendiskussion effizient zu gestalten, brauchen Sie auf so etwas nicht einzugehen. Sie können den Angriff getrost **ignorieren**.

- Den Angreifer **verwirren** Sie beispielsweise mit einem Spruch wie: »Wer ahnt, was er ahnt, ohne zu ahnen, dass er was ahnt, ahnt noch lange nicht, wer eine Ahnung hat.« Der Satz ergibt natürlich überhaupt keinen Sinn, wird aber dazu führen, dass dem Angreifer der Mund offen stehen bleibt – umso weiter, je schneller Sie den Nonsenssatz herunterschnurren. Gerade bei rational orientierten Menschen wie Naturwissenschaftlern und Technikern erzielen Sie den höchsten Verwirrungsgrad, wenn Sie eine vermeintlich logische Satzkonstruktion verwenden, die scheinbar eine Schlussfolgerung enthält. Denn wer gewohnt ist, seine Welt qua Intellekt zu durchdringen, wird sich erst recht anstrengen, Ihrem Blödsinn irgendeine Bedeutung abzuringen – und ist dadurch völlig aus dem Konzept gebracht!

- Ihren Widersacher **abzulenken** ist in diesem Fall besonders einfach – da Sie seine Chefin sind, können Sie ihn beispielsweise einfach aus dem Zimmer expedieren: »Holen Sie doch bitte mal Ihre Unterlagen zum Programm der Konkurrenz, die Sie mir letzte Woche gezeigt haben.« Oder auch: »Machen Sie bitte das Fenster auf, die Luft hier drin ist zum Schneiden.«

- Für den entschiedenen **Konter** steht Ihnen, da Sie in der stärkeren Position sind, eine Fülle von Möglichkeiten zur Verfügung, etwa: »Die brauche ich auch nicht (die Ahnung nämlich), mir genügt es, zu *wissen*« oder: »Na, Hauptsache, *Sie* haben *Ihre* Aufgaben im Griff« oder auch schlicht: »Aber Sie, hm?« Sehr elegant sind Wendungen wie »Es gibt eben Menschen, die sich mit Ahnungen nicht begnügen«, denn sie implizieren, dass der Angesprochene *nicht* zu jenen gehört, sondern sich mit »solidem Halbwissen« durchs Leben zu mogeln pflegt – und von sich auf andere schließt. Sie können auch nonverbal kontern, etwa indem Sie die Augen verdrehen oder »ergeben« seufzen, um den anderen Teammitgliedern zu signalisieren, dass Sie nicht gewillt sind, sich auf eine Auseinandersetzung mit diesem ewigen Nörgler und Querulanten einzulassen.

- Die **Gegenfrage** kann in diesem Fall einfach lauten: »Ach ja, meinen Sie?« oder: »Sieht so Ihr persönlicher Ausschnitt der Wirklichkeit aus?« Wichtig ist Ihre Von-oben-herab-Haltung, um dem Angreifer zu vermitteln, dass Ihre Frage rhetorisch gemeint ist und keineswegs eine Aufforderung zur Erörterung Ihrer Qualifikationen darstellt. Vielmehr weisen Sie ihn elegant in die Schranken, indem Sie die Attacke als *sein persönliches Problem* darstellen.

- Wollen Sie den Störenfried **zurechtweisen**, genügt ein selbstbewusstes »Das zu beurteilen steht Ihnen nicht zu«. Oder Sie machen das restliche Team zu Ihrem Komplizen: »Herr Müller, wir *alle* hier wollen eine *sachbezogene* Diskussion führen.«

- Droht die Situation zu kippen, müssen Sie energisch Ihre **Machtposition herausstreichen**: »*Ich* trage hier die Verantwortung, nicht Sie!« Hier hilft Verbindlichkeit nicht weiter, vielmehr sollten Sie auch durch Ihre Körpersprache unterstreichen, dass Sie sich das Heft nicht aus der Hand nehmen lassen: Richten Sie sich auf, sehen Sie dem Angreifer dirckt in die Augen, sprechen Sie laut und deutlich und brechen Sie anschließend den Blickkontakt ab.

Ich möchte hier noch einmal wiederholen, was ich bereits im Kapitel »*Mit mir nicht!*« gesagt habe: Eine entscheidende Voraussetzung der Schlagfertigkeit ist, dass Sie den Angriff nicht auf sich beziehen. Was immer Ihr Widersacher sagt und wie immer seine Attacke geartet sein mag: Es ist *sein* Problem! *Er* oder *sie* hat Schwierigkeiten, nicht Sie. Ganz gleich, ob Ihrem Freund Ihre Haarfarbe nicht gefällt, ob der Agenturchef Ihnen die Verantwortung für einen entgangenen Auftrag in die Schuhe schieben will oder ob ein rangniedrigerer Mitarbeiter Ihre Qualifikation in Frage stellt – *Sie* teilen diese Ansicht nicht! Sie sind gern bereit, über Problemlösungen oder Verbesserungsvorschläge zu diskutieren, aber ganz gewiss nicht über Ihre Person, Ihr Aussehen, Ihr Auftreten oder Ihre Qualifikation.

Übungen

1. Achten Sie in den nächsten Tagen auf dumme Sprüche, die in Ihrem Umfeld geäußert werden. Notieren Sie sie und spielen Sie für jeden Spruch die sieben Erwiderungsmöglichkeiten durch. Dadurch trainieren Sie Ihre Reaktionsfähigkeit, damit Sie spontan und »aus dem Bauch raus« kontern können, wenn Ihnen eine blöde Ansage an den Kopf geworfen wird.

2. Finden Sie heraus, welche der oben beschriebenen sieben Möglichkeiten Ihnen an meisten liegen, und trainieren Sie sie verstärkt.

»Auf sie mit Gebrüll« – Der Angriff

Angriffe unter die Gürtellinie zählen sicherlich zum Unangenehmsten, was einem im zwischenmenschlichen Umgang passieren kann. Sie treffen uns buchstäblich bis ins Mark, denn sie reißen nicht nur ein Loch in unser Energiefeld, die Aura, sondern sie lösen zumeist auch direkte körperliche Reaktionen aus, etwa Schweißausbrüche, zitternde Knie, Übelkeit, Schwindel oder Kopfschmerz – ganz zu schweigen von den psychischen Wunden wie dem verletzten Selbstwertgefühl, dem angeknacksten Selbstbewusstsein oder dem bohrenden Schmerz, verraten oder der Lächerlichkeit preisgegeben worden zu sein.

Vielleicht haben Sie so etwas auch schon mal erlebt: Sie sitzen in einer Besprechung, man diskutiert angeregt über ein Thema, Sie vertreten engagiert Ihren Standpunkt, und auf einmal fährt Ihre Kollegin Sie an: »Was wissen *Sie* denn schon, Sie haben ja noch nicht mal Abitur!« Bum! Sie sitzen da wie vom Donner gerührt.

Wir können uns gegen unvermittelte Angriffe nicht restlos schützen. Es wird immer wieder Menschen geben, die in ihrer Wut oder Verletztheit blind um sich schlagen, die völlig überzogen reagieren, wenn sie sich in die Ecke gedrängt fühlen, oder die es grundsätzlich für eine gute Strategie halten, ihre Kontrahenten beziehungsweise Konkurrenten durch persönliche Beleidigungen platt zu walzen. Glücklicherweise gibt es jedoch wirkungsvolle »Sofortmaßnahmen am Unfallort«.

Die drei Sofortmaßnahmen nach dem Angriff

1. Hüllen Sie sich sofort in Ihren »Zaubermantel«, Ihre energetische Schutzbekleidung (siehe Übung 9, S. 42).
2. Wenn Ihnen nicht gleich eine Antwort einfällt, ist das nicht schlimm – es genügt, wenn Sie Ihrem Widersacher erst mal einige Sekunden fest in die Augen sehen. Er weiß, dass er Sie verletzt hat (schließlich hat er genau das beabsichtigt), und Ihr erster – nonverbaler – Konter wird ihm klarmachen, dass Sie sich sein Verhalten nicht bieten lassen. Brechen Sie den Blickkontakt dann entschieden ab.
3. Entscheiden Sie nun, welche der sieben Kontermöglichkeiten Sie einsetzen wollen: ignorieren, verwirren, ablenken, frech erwidern, gegenfragen, zurechtweisen oder Ihre Macht ausspielen beziehungsweise sich auf eine höhere Ebene begeben. Wenn Sie die Übungen im vorigen Kapitel gemacht haben, sollte es Ihnen ein Leichtes sein, blitzschnell Ihre Entscheidung zu treffen.

Der Angriff unter die Gürtellinie

Angriffe unter die Gürtellinie beabsichtigen immer, Ihre Person in Misskredit zu bringen, indem der Widersacher auf einen bestimmten Teilaspekt (Aussehen, Auftreten, Ansehen, Leistung, Qualifikation, Charakter, Moral) losgeht. Der Angreifer will Sie bewusst schwächen, indem er den Wert Ihrer Person als *Ganzes* herabwürdigt oder sogar vollkommen negiert. Typische Angriffe unter die Gürtellinie lauten ...

- ... **auf Ihr Aussehen bezogen:** Wie siehst *du* denn aus? Mit dir kann man sich ja nicht in der Öffentlichkeit zeigen! Wie kommst *du* denn daher? Sie haben wirklich keinen Geschmack! Du siehst aus wie eine Vogelscheuche!

- **... auf Ihr Auftreten bezogen:** Sie sind unverschämt! Sie sind anmaßend! Ihre Selbstherrlichkeit ist unerträglich! Markier hier bloß nicht den dicken Max! Gib nicht so an! Ihr großspuriges Gehabe widert mich an! Du bist feige und sagst zu allem Ja und Amen! Sie besitzen nicht die mindeste Autorität! Sie sind total unsouverän!

- **... auf Ihr Ansehen bezogen:** Wer bist *du* denn schon? Was glauben Sie eigentlich, wer Sie sind? Mit jemand wie Ihnen rede ich nicht! Sie sind doch ein Niemand! Was glauben Sie eigentlich, wen Sie vor sich haben? Du hast hier nichts zu melden!

- **... auf Ihre Leistung bezogen:** Sie machen alles falsch! Sie sind völlig unfähig! Was ist das schon wieder für eine Schlamperei?! Sie sind unzuverlässig! Sie sind faul! Ihre Leistungen spotten jeder Beschreibung! Wie konnten Sie nur?! Sie hätten wissen müssen, dass ...!

- **... auf Ihre Qualifikation bezogen:** Du hast doch keine Ahnung! Das können Sie gar nicht beurteilen! Und so was will Mutter (Abteilungsleiterin, Chefsekretärin, Oberärztin ...) sein! Sie sind völlig inkompetent! Machen Sie erst mal Ihr Abitur!

- **... auf Ihren Charakter bezogen:** Du bist doch das Letzte! Du bist nichts wert! Sie haben einfach keinen Charakter! Du bist eine Egoistin! Du hast überhaupt kein Feingefühl! Charakterschwein!

- **... auf Ihre Moral bezogen:** Du taugst nichts! Du bist ein Flittchen! Du bist die Verworfenheit in Person! Du bist nymphoman! Für deinen eigenen Vorteil gehst du über Leichen! Du bist durch und durch verlogen!

Grundsätzlich gilt: All das sind Beleidigungen und Beleidigungen dürfen Sie sich als souveräne Zicke unter gar keinen Umständen gefallen lassen. Sind Sie mit dieser Art von Angriff konfrontiert, tun Sie daher Folgendes:

1. Richten Sie sich zu Ihrer vollen Größe auf.
2. Sehen Sie dem Angreifer direkt in die Augen.
3. Sagen Sie langsam, laut und deutlich: »Das war eine Belei
   digung – ich erwarte, dass Sie sich entschuldigen!«

Abweichungen von dieser Vorgehensweise kommen nur in Betracht, wenn Sie das Ganze nicht unnötig aufbauschen wollen, etwa weil der Spruch einer guten Freundin rausgerutscht ist (»Ach herrje, wie siehst du denn aus?«). Oder wenn Sie sich mitten in einem hitzigen Schlagabtausch befinden, bei dem Sie selbst schwere Geschütze auffahren, oder wenn der Angreifer ein notorischer Querulant ist, auf dessen Genörgel Sie nicht eingehen wollen.

Zum Zweiten sind all diese Anwürfe Pauschalisierungen und auch die müssen Sie entschieden zurückweisen. Mag sein, dass Sie einen bestimmten Fehler gemacht oder sich in einer konkreten Situation nicht korrekt verhalten haben – doch das passiert jedem mal und bedeutet nicht im Geringsten, dass Sie grundsätzlich »nachlässig und schlampig« wären, Ihren Job nicht beherrschten oder sich prinzipiell nicht zu benehmen wüssten! Zwingen Sie Ihren Widersacher, konkret zu benennen, was er eigentlich meint und worauf sein pauschaler Vorwurf sich genau bezieht. (Weitere Tipps finden Sie im Abschnitt *Selbstbewusst mit Kritik umgehen,* S. 31)

Es ist immer nützlich, wenn Sie erkennen können, warum Ihr Gegenüber die sachliche Ebene des Gesprächs verlässt und Sie angreift. Fühlt sich dieser Mensch in die Enge getrieben, weil seine Argumente von Ihnen und/oder anderen entkräftet werden? Sieht er seine Felle davonschwimmen, weil er sich durch Sie und/oder andere in eine unterlegene Position gedrängt fühlt? Falls er sich auf Sie stürzt, weil Sie offenbar als das schwächste Glied der Kette betrachtet – woran mag das liegen? Können Sie an Ihrer Haltung und Ihrem Auftreten etwas ändern, damit Sie stärker und selbstbewusster rüberkommen? Bezieht der Angreifer sachliche Aussagen auf sich und interpretiert themenbezogene Äußerungen als Kritik an seiner Person und/oder seiner Arbeit? Das heißt, steht für ihn sein Ansehen, seine Qualifikation, sein Status, seine berufliche Position oder gar seine Menschenwürde auf dem Spiel?

Machen Sie sich klar, dass bei ätzender Kritik oder einer verletzenden Aussage über Sie immer eines dieser Elemente im Spiel ist. Auch wenn Ihr Widersacher glaubt, durch eine herabwürdigende Bemerkung über Sie in besserem Licht zu erscheinen – entweder indem er sich als auf irgendeine Weise »höher stehend« darstellt oder indem er die Lacher auf seine Seite zieht –, liegt der Attacke mangelndes Selbstbewusstsein und/oder Selbstwertgefühl des Angreifers zugrunde. Ihr Verhalten oder Ihre Bemerkung war vielleicht der Auslöser für den Angriff, aber keinesfalls die Ursache; Letztere liegt allein in der Persönlichkeits- und Verhaltenssstruktur des Angreifers begründet.

Mit Kanonen auf Spatzen schießen

Diese Art des Angriffs meint die übertriebene, überzogene, unangemessene Verbalattacke. Sie erkennen sie daran, dass sie die Formulierung »immer«, »nie« oder »schon wieder« enthält. Ein typisches Beispiel sind partnerschaftliche Auseinandersetzungen, bei denen aus einem einmaligen (oder auch mehrmaligen) Fehlverhalten schnell eine Pauschalisierung wird: »Immer telefonierst du stundenlang mit deiner Mutter!« oder: »Nie unternimmst du was mit mir!« oder: »Du hast schon wieder den Deckel nicht auf die Zahnpastatube geschraubt!«

Es liegt auf der Hand, dass derlei Generalanschuldigungen einer Konfliktlösung nicht besonders dienlich sind. Am besten steigen Sie auf solche Angriffe gar nicht erst ein, und wenn, dann mit einem flotten Spruch: »Ja, zum Glück gibt's noch Menschen, die mir zuhören« oder: »Kann gar nicht sein, ich hab mir seit Wochen nicht mehr die Zähne geputzt.«

Erscheint es Ihnen dennoch angebracht, den überzogenen Angriff zu erwidern, haben Sie mehrere Möglichkeiten zur Auswahl. Wenn Sie Ihre Entscheidung treffen, sollten Sie wie immer Ihre Zielsetzung sowie das hierarchische Gefüge berücksichtigen. Nehmen wir beispielsweise an, Ihr Chef werfe Ihnen vor, Sie würden »immer die Akten verschlampen«.

Möglichkeit Nummer eins: Greifen Sie ebendiese Formulierung in Ihrem Konter auf: »Und Sie pauschalisieren wie immer« oder: »Und Sie vergreifen sich wie immer im Ton« oder: »Und Sie machen wie immer mich für alles verantwortlich.« Dadurch zeigen Sie sich als selbstbewusste Zicke, die sich nichts gefallen lässt.

Die zweite Kontermöglichkeit besteht in der Ironisierung: »Sie haben vollkommen Recht – wie immer« oder: »Ich bewundere Ihre scharfe Beobachtungsgabe« oder: »Ich bin Ihnen so dankbar, dass Sie mich trotzdem beschäftigen« oder: »Ich weiß gar nicht, wie ein so vollkommener Mensch wie Sie es mit mir aushalten kann.« Ihre vorgebliche Zustimmung und die Tatsache, dass Sie den Angreifer scheinbar auf einen Sockel heben, bewirken eine Relativierung: Der überzogene Angriff wird durch eine überzogene »Demutshaltung« erwidert, die das Ganze wieder ins rechte Maß rückt.

Die dritte Kontermöglichkeit ist die Übertreibung: »Danke, dass Sie mich darauf aufmerksam machen – bislang wusste ich gar nicht, wozu diese bunten Pappteile gut sind« oder: »Ach, wissen Sie, ich bin ja schon froh, dass ich bei meiner Zerstreutheit jeden Morgen den Weg ins Büro finde« oder: »Stimmt, ich betreibe nämlich Feldstudien für meine Doktorarbeit über die Chaostheorie.«

Drohungen

Auch offene oder versteckte Drohungen stellen einen Angriff dar. Sie folgen immer dem Schema »Wenn (nicht) ... dann ...« Zum Beispiel: »Wenn Sie nicht tun, was ich sage, dann können Sie gleich Ihre Papiere abholen« oder: »Wenn du dich noch *einmal* mit diesem Peter triffst, dann trenne ich mich von dir.« Während diese offenen Drohungen leicht zu erkennen sind, ist es mit versteckten Drohungen schon schwieriger, beispielsweise: »Bitte, wenn Sie meinen, sich meinen Anordnungen widersetzen zu können ...« oder: »Na, Sie können es sich ja offenbar leisten, während der Arbeitszeit stundenlang Privatgespräche zu führen ...« oder: »Ich sehe es mir nicht mehr lange mit an, dass du dich ständig mit diesem Peter triffst ...« Hier überlässt es der Angreifer der angesprochenen Person, den Satz zu vollenden: Sie oder er soll sich selbst ausmalen, welche Folgen ihr/sein Verhalten haben wird. Diese Methode der Einschüchterung verfehlt selten ihr Ziel, weil die Adressatin, der Adressat sich oft schlimmere Konsequenzen vorstellt, als eigentlich gemeint sind.

Sind Sie mit offenen oder versteckten Drohungen konfrontiert, ist es wichtig, sich darüber klar zu werden, was Sie in der betreffenden Situation beabsichtigen und wo Ihre Prioritäten liegen. Je nach Intention sollten Sie auf die Drohung mit entschiedener Gegenwehr, auf sachlicher Ebene oder mit einem Lacher reagieren. Versteckten Drohungen begegnen Sie am besten, indem Sie Ihren Widersacher durch Fragen zwingen, Farbe zu bekennen: »Womit haben Sie/hast du ein Problem? Welche konkreten Konsequenzen schweben Ihnen/dir vor? Wie können wir das Problem lösen?«

Grundsätzlich gilt jedoch: Lassen Sie sich nicht ins Bockshorn jagen! Wer mit Drohungen operiert, ist unsouverän. Ist ein Mensch darauf angewiesen, Druck auszuüben, statt die/

den Betreffenden zu motivieren oder zu überzeugen, hat er ein Autoritätsproblem, überschätzt seine Macht und leidet unter mangelndem Selbstwertgefühl.

Lassen Sie sich also von einer Drohung nicht einschüchtern, sondern drehen Sie den Spieß um. Jedes Ding hat zwei Seiten und so enthält der Angriff auch eine Aussage über den Angreifer selbst. Machen Sie das Ganze also zu *seinem* Problem, indem Sie diese versteckte Aussage ans Licht ziehen. Zum Beispiel: »Sie wollen sagen, dass Sie sich durch meinen Widerspruch in Ihrer Autorität bedroht fühlen – trifft das zu?« Oder: »Du bist eifersüchtig, weil ich mich so gut mit Peter verstehe, stimmt's?«

Dadurch zeigen Sie dem Angreifer, dass Sie ihn durchschaut haben, und er ist nicht länger in der stärkeren Position. Darüber hinaus zwingen Sie ihn, Ihnen Rede und Antwort zu stehen, und die angedrohten Konsequenzen Ihres Verhaltens sind (jedenfalls fürs Erste) nicht mehr Gegenstand der Debatte.

Die miese Anspielung

Auch die miese Anspielung ist ein Angriff unter die Gürtellinie – häufig sogar ein schlimmerer als die direkte Konfrontation. Denn ähnlich wie bei der versteckten Drohung soll die oder der Angegriffene selbst herausfinden, was der Angreifer meint.

Da sagt etwa die Freundin, wenn Sie es sich schmecken lassen, mit schiefem Blick: »Na, du scheinst es dir ja leisten zu können.« Oder der Chef begrüßt Sie mit einem Blick auf die Uhr und einem betonten »Guten *Morgen*!« Oder Ihr Ehemann hält Ihnen die Telefonrechnung unter die Nase, stumm, aber kopfschüttelnd und mit gerunzelten Augenbrauen. Oder Sie stellen der Kollegin eine Frage und sie verdreht die Augen zum Himmel und sagt: »Also gut, dann erkläre ich's Ihnen eben *noch* mal ...«

Gegen derlei Attacken wehren Sie sich am besten, indem Sie der Angreiferin oder dem Angreifer einen Spiegel vorhalten und in aller Deutlichkeit aussprechen, was sie/er Ihnen da unterjubeln wollte. Dabei sollten Sie ordentlich übertreiben. Zum Beispiel zur Freundin: »Du meinst, ich sei ohnehin schon zu fett und sollte dringend abspecken.« Zum Chef: »Sie wollen sagen, ich glänze grundsätzlich durch Abwesenheit und Sie verlieren langsam die Geduld mit mir.« Zum Ehemann: »Du möchtest mir mitteilen, dass ich auf deine Kosten endlose und überflüssige Telefonate führe.« Und zur Kollegin: »Sie wollen mir zu verstehen geben, ich sei zu dämlich für diesen Job.«

Mit ihrer eigenen Gehässigkeit konfrontiert, reagieren die meisten Menschen beschämt. Niemand schaut gern in einen Spiegel, der die Frage »Wer ist die/der Hässlichste im ganzen Land?« beantwortet. Sie erreichen mit dieser Strategie meist ein sofortiges Einlenken Ihres Widersachers. Zumindest aber wird der betreffende Vorwurf konkretisiert, und wenn Sie es für angebracht halten, können Sie auf *sachlicher* Ebene weiterdiskutieren. Der Chef wird vielleicht erwidern: »Nun ja, Sie sind nicht grundsätzlich unpünktlich, aber in letzter Zeit doch auffallend häufig.« Hat er Recht, können Sie als souveräne Zicke freimütig gestehen, dass Sie in den letzten Wochen tatsächlich etwas schwer aus dem Bett gekommen sind, und sich verpflichten, es ab jetzt mit der Pünktlichkeit wieder genauer zu nehmen. War sein Vorwurf nicht gerechtfertigt, sagen Sie ihm kurz, warum Sie heute ausnahmsweise zu spät gekommen sind, und machen Sie sich an die Arbeit.

Fühlen Sie sich von der Anspielung nicht besonders getroffen und ist Ihnen eine Klarstellung nicht wichtig, stehen Ihnen natürlich auch die Mittel des frechen Konters zur Verfügung, das heißt absichtlich Missverständnisse herbeiführen oder ins Absurde übertreiben. So könnten Sie der Freundin etwa erwidern: »Ja, zum Glück beziehe ich ein so gutes Gehalt, dass ich mir einen Besuch in diesem Restaurant leisten kann« – hiermit haben Sie ein absichtliches Missverständnis des Worts »leisten« herbeigeführt. Oder Sie kontern mit einem Wortspiel: »Ach weißt du, ich mache gerade die Seafood-Diät – *if you see food, eat it.*« Und Ihrem Ehemann könnten Sie eine absurde Übertreibung entgegenhalten: »Und dabei bin ich schon für jedes zweite Gespräch in die Telefonzelle gegangen!«

Selbst Zwickmühlen, das heißt Situationen, in denen Sie nicht können, wie Sie wollen, meistern Sie als souveräne Zicke spielend. Das folgende Beispiel stammt von einer meiner Bekannten, die Innenarchitektin bei einer kleinen Messebaufirma ist. Auf einer Teambesprechung berichtet sie von einem netten Ausflug, zu dem sie den potentiellen Neukunden auf einer Geschäftsreise eingeladen hat. Der Firmeninhaber, bekannt und gefürchtet für seine ungehobelten Manieren, erwidert: »Sie scheinen sich ja gut zu amüsieren mit *meinem* Geld!«

Wäre sie mit ihm allein gewesen, hätte sie ohne weiteres die Spiegelmethode anwenden können: »Sie wollen sagen, dass ich Ihr sauer verdientes Geld mit vollen Händen zum Fenster rauswerfe.« Oder noch schärfer: »Sie wollen sagen, dass ich eine Verschwenderin bin, die Ihr hart erarbeitetes Geld zum eigenen Vergnügen verprasst und Sie damit in Kürze in den Ruin treiben wird.« Doch im Beisein des Teams empfiehlt sich diese Strategie nicht. Selbst wenn die Kollegen – mehr oder minder heimlich – Sympathie bekunden, weil die Architektin es »dem Alten« mal so richtig gezeigt hat, hätte sie es sich dennoch mit dem Chef verscherzt. In diesem Fall hilft nur die sachliche Replik: »O ja, vielen Dank, der Ausflug hat allen Beteiligten wirklich großen Spaß gemacht.« Hiermit begibt sie sich auf eine höhere Ebene und stellt den Nutzen des Ausflugs für die Firma heraus: Es ging nicht darum, dass *sie* sich amüsierte, sondern darum, den Kunden (»wir alle«) in eine entspannte Stimmung zu versetzen, die den Geschäftsabschluss begünstigt. Die zweite Möglichkeit ist der lockere Spruch, um die Situation zu entschärfen: »Wenigstens habe ich nicht auch noch die Konkurrenz dazu eingeladen« oder die ironische Erwiderung: »Wenn Sie dabei gewesen wären, hätten wir uns natürlich noch viel besser amüsiert ...«

Der Verrat

Jener Angriff unter die Gürtellinie, der als Verrat bezeichnet wird, tarnt sich in vielen Formen. Er kann als unverhüllter Angriff daherkommen, als miese Anspielung oder auch nonverbal, etwa durch Ignorieren und Ausgrenzen. Verrat heißt, dass uns jemand die Loyalität aufkündigt, indem er ein anvertrautes Geheimnis weitergibt, sich völlig unerwartet auf die Gegenseite schlägt oder vom Freund zum Konkurrenten wird. Wenn Sie etwa entdecken, dass Ihre beste Freundin hinter Ihrem Rücken schlecht über Sie redet, ist das Verrat. Der vermeintlich nette Kollege, der Ihrem Chef steckt, dass Sie während der Arbeitszeit einen Privatbrief geschrieben haben, übt Verrat. Der Partner, der Sie mit einer anderen Frau betrügt, begeht – in gewisser Weise – Verrat.

Es gibt keine typischen *verräterischen* Floskeln, die uns auf einen solchen Angriff unter die Gürtellinie hinweisen, höchstens Wendungen, die uns anzeigen, dass ein Verrat bereits begangen wurde, beispielsweise »Weißt du eigentlich, dass ...?« Deshalb können Sie hier auch nicht schlagfertig kontern. Über das Thema Verrat wurden (und werden) ganze Bücher geschrieben, deshalb möchte ich Ihnen hier nur einige Tipps zum Umgang mit Verrat und Verrätern geben.

Das Wichtigste ist, dass Sie nicht still vor sich hin leiden, sondern die Initiative ergreifen und in die Gegenoffensive gehen: Sagen Sie der oder dem Betreffenden, dass Sie über den Verrat Bescheid wissen, und fordern Sie eine Erklärung. Ganz gleich, welch üble Dinge über Sie gesagt wurden und wie tief der Verrat Sie getroffen hat, machen Sie sich klar, dass die oder der Betreffende sich unbeschreiblich mies und charakterlos verhalten hat. Der Verrat ist das Problem des Verräters, weniger das des Verratenen. In gewisser Weise profitieren Sie sogar davon, denn er hat Ihnen zumindest die Augen über das Wesen der Verräterin oder des Verräters geöffnet. Kündigen Sie also jede Beziehung zu ihr oder ihm auf. Denken Sie daran: Sie sind es sich *wert*, dass man Ihnen mit Achtung begegnet, und wer sich daran nicht hält, wird rigoros aus Ihrem Umfeld entfernt. Sie tun sich selbst keinen Gefallen, wenn Sie das Verhalten der Verräterin beschönigen (»Sie fühlt sich mir halt unterlegen, deshalb hat sie so gemein gehandelt«) oder sich selbst den Schuh anziehen und zu ergründen versuchen, was Sie zu dem Verrat beigetragen haben. Ein Verrat ist unentschuldbar – lassen Sie die oder den Betreffenden mit ihrer/ seiner Bösartigkeit allein.

Mobbing

Mobbing ist ein unausgesetzter, gezielter Angriff unter die Gürtellinie: Die Meute schließt sich zusammen, um ein ihr unsympathisches Mitglied aus der Gemeinschaft rauszuekeln. Aber: Mobbing funktioniert nur bei Menschen, die von Haus aus unsicher sind und wenig Selbstwertgefühl besitzen.

Die Strategie der Meute besteht darin, das Opfer gezielt zu diskreditieren und auszuschließen. Und zwar nicht durch den direkten Angriff (»Sie haben das und das falsch gemacht, Frau

Berger«), sondern durch Anspielungen, Gesten und Nicht-zur-Kenntnis-Nehmen. Kleine Nebenbemerkungen wie »Nicht schon *wieder*!« suggerieren der Betroffenen (Mobbing gilt fast immer Frauen), dass sie *ständig* Fehler macht und *nie* eine Aufgabe zur Zufriedenheit erfüllt. Ungeduldiges Seufzen, Augenverdrehen, entnervtes Kopfschütteln und bewusstes Überhören, was das Opfer sagt, gehören zu den nonverbalen Mitteln. Und schließlich wird der Betroffenen die direkte Kommunikation verweigert. Fragt sie nach, was genau sie falsch gemacht habe, hört sie Sätze wie »Es ist ja zwecklos, Ihnen was erklären zu wollen« oder »Sie sind eben einfach eine Null«. Und nicht einmal ihre Aufgaben werden ihr mündlich zugewiesen, sondern sie findet nach der Rückkehr von der (einsam verbrachten) Mittagspause eine Akte mit aufgeklebtem Zettel auf ihrem Schreibtisch, auf dem steht, was sie zu tun hat. Auch zum Umgang mit Mobbing gibt es ganze Bücher; ich möchte Ihnen im Folgenden nur einige vorbeugende Maßnahmen nennen, damit es gar nicht erst so weit kommt.

1. Gewöhnen Sie sich eine *realistische* Einschätzung der Situation an. Dass Sie beispielsweise nicht ad hoc alles im Griff haben, wenn Sie neu in einer Firma sind, liegt auf der Hand und ist Ihr gutes Recht. Etwas anderes von sich selbst zu erwarten wäre vollkommen unrealistisch.

2. Verschließen Sie Augen und Ohren vor allem, was Sie nicht unmittelbar betrifft. Sie brauchen Ihre Konzentration und Ihren Ideenreichtum für die Arbeit und sollten sie nicht darauf verschwenden, sich auszumalen, was irgendwer über Sie denken könnte.

3. Legen Sie nicht an sich selbst Maßstäbe an, die Sie an andere niemals anlegen würden. Jeder Mensch macht Fehler, sogar unbeschreiblich dumme, also dürfen auch Sie Fehler machen. Niemand kann von Ihnen erwarten, perfekt zu

funktionieren, denn Sie sind keine Maschine und genauso wenig perfekt wie jeder andere Mensch.

4. Begegnen Sie vagen Andeutungen mit der Spiegelmethode (siehe den Abschnitt *Die miese Anspielung*, S. 99) oder mit gezielten Gegenfragen: »Was genau meinen Sie mit ...?«, »Was verstehen Sie unter ...?«, »Wie definieren Sie ...?«

5. Wenn Sie feststellen, dass man tatsächlich versucht, Sie auszugrenzen, versuchen Sie die Front zu knacken, indem Sie sich an die Kollegin oder den Kollegen wenden, die/der Ihnen noch am freundlichsten gesinnt scheint. Fragen Sie nach, was hinter der Isolationsstrategie steckt, und bitten Sie um Rat, was Sie unternehmen können.

6. Sollte das alles nicht helfen, suchen Sie sich einen neuen Job. Offensichtlich ist die Firma, in der Sie momentan arbeiten, nicht die richtige für Sie.

Übungen

1. Suchen Sie sich aus der Liste im Abschnitt *Der Angriff unter die Gürtellinie* (S. 93) zehn Anwürfe aus, gegen die Sie auf jeden Fall gewappnet sein wollen. Überlegen Sie, wer so etwas zu Ihnen sagen könnte oder bereits gesagt hat und in welcher Situation. Spielen Sie nun die Situation im Geiste durch und finden Sie heraus, wie Sie auf den Angriff reagieren möchten. Am besten halten Sie Ihre Konter schriftlich fest, denn auf diese Weise bleiben sie besser im Gedächtnis haften und Sie haben sie im konkreten Fall parat.

2. Achten Sie darauf, ob Sie in Ihrem privaten oder beruflichen Umfeld mit Pauschalisierungen konfrontiert werden. Wenn ja, notieren Sie sich diese Angriffe. Lesen Sie noch einmal die Beispiele im Abschnitt *Mit Kanonen auf Spatzen schießen* (S. 96) und entwickeln Sie Ihre persönliche Strategie:

Spielen Sie alle Möglichkeiten durch (den Vorwurf aufgreifen und den Ball direkt zurückschießen, den ironischen Konter, die absurde Übertreibung) und entscheiden Sie sich für diejenige, die am besten zu Ihnen und der Art des Angriffs passt.

3. Um sich gegen Drohungen zur Wehr zu setzen, machen Sie sich zunächst klar, dass der wichtigste Beitrag zu einer Drohung von Ihnen selbst stammt: Die/der Drohende nutzt geschickt Ihr schlechtes Gewissen – und bei der versteckten Drohung auch Ihre Fantasie – für seine Zwecke aus. Doch solange Sie sich nicht willentlich und wissentlich über die geltenden Spielregeln hinwegsetzen, brauchen Sie kein schlechtes Gewissen zu haben. (Wenn der Chef Sie zum Beispiel bei einem privaten Telefonat ertappt, ist das kein Beinbruch – es sei denn, in Ihrer Firma wären Privatgespräche ausdrücklich untersagt.) Bei einer versteckten Drohung ist es reine Energieverschwendung, Ihre Fantasie zu bemühen – fragen Sie Ihren Widersacher lieber, was er konkret an Ihrem Verhalten kritisieren will und welche Konsequenzen er daraus ableitet.

Als Zweites sollten Sie sich überlegen, wie stark die Position des Gegners wirklich ist: Hat er tatsächlich so viel Macht, wie er vorgibt, oder stünde beispielsweise einer Kündigung, realistisch betrachtet, nicht etliches im Wege (Ihre Reputation bei der/dem nächsthöheren Vorgesetzten, der Betriebsrat, die Angst vor dem Verlust Ihres beruflichen Know-how ...). Würde Ihr Partner Sie allen Ernstes verlassen, nur weil er dies oder jenes an Ihnen auszusetzen hat?

Drittens: Gilt die Drohung gezielt Ihrem Verhalten oder haben Sie es womöglich mit einem Menschen zu tun, der (aufgrund von Autoritätsproblemen und/oder mangelndem Selbstbewusstsein) prinzipiell mit Drohungen operiert?

Finden Sie viertens heraus, wie schlimm es für Sie wäre, würde die – offen oder versteckt – angedrohte Konsequenz tatsächlich gezogen. Vielleicht erkennen Sie, dass Sie in der Firma oder Abteilung, in der Sie jetzt arbeiten, ohnehin nicht besonders glücklich sind. Oder das Verhalten Ihres Partners führt Ihnen vor Augen, dass in Ihrer Beziehung sowieso einiges im Argen liegt.

Zuletzt treffen Sie eine Entscheidung: Ist Ihnen das Bestehende (der Job, die Partnerschaft oder Freundschaft) wichtiger oder liegt Ihnen mehr daran, das tun zu dürfen, weswegen man Sie jetzt kritisiert? Wenn Ersteres der Fall ist, ändern Sie Ihr Verhalten, bei Letzterem ändern Sie die bestehenden Verhältnisse. Oder handeln Sie einen Kompromiss aus, mit dem alle Beteiligten gut leben können.

»Du machst Diät? Sieht man gar nicht!« – Die Gedankenlosigkeit

Der gedankenlos dahingesagte dumme Spruch ist im Unterschied zum Angriff unter die Gürtellinie nicht als Attacke gemeint, sondern rutscht jemandem heraus, weil er oder sie einfach drauflosplappert. Gleichwohl können dumme Sprüche verletzen: Die Sprecherin oder der Sprecher trifft vielleicht, ohne es zu wissen, einen Ihrer wundesten Punkte. Und die hat jede von uns, sei sie auch eine noch so souveräne Zicke.

Doch das ist keine Schande, kein Defizit, das es auszumerzen gilt – schließlich sind wir *Menschen,* keine gefühllosen Roboter. Wir dürfen und sollen uns zu unseren wunden Punkten bekennen, was keineswegs mit Mimosenhaftigkeit zu verwechseln ist. Als souveräne Zicke stehen Sie zu sich selbst. Rechtfertigen Sie sich nicht, sondern gehen Sie souverän – und humorvoll – in die Gegenoffensive. Denken Sie daran: Worum immer es sich handelt, es ist *Ihre* Angelegenheit.

Nehmen wir beispielsweise an, Sie wären momentan etwas unglücklich mit Ihrer Figur, weil Sie in den letzten Monaten einige Pfunde zugelegt haben. Wenn eine Bekannte Sie nach längerer Abwesenheit mit den Worten begrüßt: »Oha, du bist ja ein richtiges Pummelchen geworden!«, ist das trotz allem kein Grund, sich beschämt in sich selbst zurückzuziehen oder »um Verständnis zu werben«. Für eine Gewichtszunahme gibt es immer *gewichtige* Gründe, auch wenn Sie Ihnen selbst (noch) nicht ganz klar sind. Sollte Ihnen nicht spontan eine geschliffen formulierte Erwiderung einfallen, ist das kein Beinbruch, ein souveräner Konter steht Ihnen dennoch zur Verfügung: Die einfache Antwort »Stimmt!« unterbindet jegliches weitere Gerede, denn was gibt es über Tatsachen schon zu diskutieren?

Das gleiche Prinzip lässt sich auf alle anderen dummen Sprüche anwenden. Getroffen fühlen wir uns dann, wenn wir überzeugt sind, dass es *eigentlich* anders sein sollte, das heißt, wir legen – scheinbar – übergeordnete Maßstäbe an. Der Freund, der Ihre neue Wohnung mit den Worten »Gott, ist die winzig!« kommentiert, suggeriert damit, dass Ihr Domizil *eigentlich* größer sein sollte. Doch das ist keine allgemein gültige Regel, sondern allein *seine* Vorstellung. Für *Sie* stimmt die Größe Ihrer Wohnung oder Sie sind überglücklich, dass Sie auf die Schnelle und angesichts der herrschenden Wohnungsnot überhaupt was gefunden haben. Ihr souveräner Konter könnte in diesem Fall lauten: »Ja, da habe ich alles in Reichweite« oder: »Stimmt, und für Nörgler ist deshalb kein Platz!«

Wenn Sie einem dummen Spruch mit Entschiedenheit begegnen wollen, vielleicht gerade weil er Sie getroffen hat, tun Sie das in Form einer klaren Aussage und vermeiden Sie Begründungen. Fragt Sie beispielsweise eine Kollegin: »Warum hast du eigentlich keinen Lover?«, erwidern Sie kurz und bündig: »Ich liebe mein Singledasein!« (Statt irgendeine kleinlaute Antwort zu nuscheln wie »Weil mir Mr. Right noch nicht begegnet ist« oder »Das frage ich mich auch ...«) So zeigen Sie Selbstbewusstsein und unterbinden jede weitere hämische Stichelei: Sie *wollen* es so, wie es ist, und was möglicherweise sonst noch hinter Ihrem Alleinsein steckt, geht niemanden was an, zumindest nicht die neugierige Kollegin.

Als weitere souveräne Reaktion auf einen dummen Spruch bieten sich, wollen Sie ihn nicht ohnehin einfach überhören, vor allem zwei Mittel an: der nonverbale und der verbale freche Konter.

»Du kannst mich mal« auf die feine englische Art – Die nonverbale Gegenoffensive

Die nonverbale Reaktion empfiehlt sich, wenn Sie einen dummen Spruch nicht unnötig aufbauschen und ihn dennoch nicht unerwidert lassen wollen. Kommt Ihnen jemand dumm, können Sie

- die Augen verdrehen,
- resigniert den Kopf schütteln über so viel Borniertheit beziehungsweise mangelndes Taktgefühl,
- tief seufzen, als hätten Sie es mit einem unverständigen Kind zu tun, das Ihnen unendliche Geduld abverlangt,
- die Achseln zucken, um den anderen Anwesenden zu bedeuten, dass an einen so hoffnungslosen Fall wie den Sprücheklopfer jegliche Anstrengung verschwendet ist,
- eine verständnislose Grimasse schneiden, als sei der Angreifer nicht ganz bei Trost,
- ihn mit weit aufgerissenen Augen anstarren, als sei er ein Außerirdischer.

Besser gut ausgeteilt als schlecht eingesteckt – Der freche verbale Konter

Für den frechen verbalen Konter stehen Ihnen sämtliche sprachlichen Mittel zur Verfügung, die Sie in den Übungen zum Kapitel *Reden ist Gold* (ab S. 16) trainiert haben.

Sie können eine ironische Antwort geben, den dummen Spruch ins Absurde übersteigern, ein Wortspiel oder ein verdrehtes Sprichwort anbringen, absichtlich ein Missverständnis herbeiführen, ein absurdes Bonmot kreieren, den »Besser als ...«-Vergleich anwenden oder eine absurde Beziehung herstellen.

Nachfolgend sind einige typische dumme Sprüche aufgelistet (weitere finden Sie in Übung 8, S. 20):

- Du machst Diät? Sieht man gar nicht!
- Na, du hast es dir aber ordentlich schmecken lassen in letzter Zeit!
- Ach herrje, wie siehst du denn aus ...!
- Das war aber nicht sehr intelligent!
- Du hast aber eine winzige Wohnung!
- Du bist ja ganz schön chaotisch!
- Himmel, bist du unsportlich!
- Deine Beinbehaarung würde jedem Gorilla Ehre machen.
- Du musst dringend was gegen deinen Hängebusen unternehmen!
- Findest du dein Outfit eigentlich schön?
- Also, *ich* könnte von deinem Gehalt ja nicht leben ...
- Sag bloß, dein Lover hat dich schon wieder verlassen!

Das folgende – willkürlich herausgegriffene – Beispiel veranschaulicht die verschiedenen Kontermöglichkeiten. Wenn Sie Übung 3 (S. 115) gemacht haben, werden Ihnen freche Konter auf dumme Sprüche in Zukunft ebenso zufliegen wie mir jetzt beim Schreiben. Sie haben dann nur noch die Qual der Wahl, welche Alternative Sie auswählen möchten. So könnten Sie etwa auf den Spruch »Himmel, bist du unsportlich!« kontern:

- Mit Ironie: »Stimmt, und wann trittst *du* endlich bei Olympia an?«
- Mit einer Übertreibung: »Du irrst, ich trainiere für den Wettbewerb ›Wer kann am längsten unbeweglich dasitzen‹!«
- Mit einem Wortspiel: »... sagte sie keuchend«.
- Mit einem verdrehten Sprichwort: »Was du nicht willst, dass man dir tut, macht mich nicht heiß.«
- Mit dem »Lieber als«-Vergleich: »Lieber kalorienreich als Tennisarm!«

- Mit einer Absurdität: »Ein sportlicher Himmel macht noch kein Gewitter.«
- Mit einem absichtlich herbeigeführten Missverständnis: »Wieso – sollte der liebe Gott ein Athlet sein?«
- Mit der Herstellung einer Beziehung: »Genau wie meine Handtasche, wir passen bestens zusammen.«

Wer den Schaden hat, spottet jeder Beschreibung ...

Ebenfalls in den Bereich der dummen Sprüche fällt die Schadenfreude. Häufig äußert sie sich durch Bemerkungen wie »Ich hab's ja gleich gesagt ...« oder »Siehste?!« oder auch nonverbal durch triumphierendes Kichern.

Besonders wenn wir mit dem Scheitern einer Angelegenheit konfrontiert sind, trifft Schadenfreude uns hart. Etwa wenn eine Beziehung in die Brüche gegangen ist und die Freundin den Kommentar vom Stapel lässt: »Ich hab's ja gleich gesagt, dass der Typ dir wieder wegläuft!« Oder wenn frau einsehen musste, dass sie die neue Grafikkarte doch nicht selbst auf ihrem Rechner installieren konnte und der Kollege ein selbstgefälliges »Siehste!« von sich gibt. Oder wenn wir ein Tennismatch verlieren und der Gegner sich vor Lachen nicht mehr einkriegt.

In derlei Situationen gelassen zu bleiben und cool zu kontern ist nicht leicht. Ironie ist jedoch ein Mittel, das immer hilft. Denn wer schadenfroh ist, freut sich darüber, dass das Missgeschick nicht ihm selbst passiert ist – der Betreffende ist mithin nicht »besser«, »cleverer« oder »geschickter« als Sie, er hatte nur das Glück, dass es ihn zufälligerweise nicht getroffen hat.

Schadenfrohen Bemerkungen können Sie deshalb immer

mit der Formel »Na, Hauptsache, du/Sie ...« begegnen. Beispielsweise: »Na, Hauptsache, *du* hast dein Liebesleben im Griff« oder: »Na, Hauptsache, Sie kommen mit *Ihrem* Rechner klar« oder: »Na, Hauptsache, du hast auch mal einen Grund zur Freude.« Auch das verdrehte Sprichwort ist ein taugliches Mittel, um sich gegen Schadenfreude zur Wehr zu setzen, etwa zur Tennispartnerin: »Auch ein blindes Huhn findet mal 'nen Hahn« oder: »Pech im Glück, Spiel in der Liebe.«

Lassen Sie sich vor allem nicht provozieren. Eine Niederlage erlitten zu haben ist schlimm genug und Sie brauchen jetzt Ihre Energie, um Ihre Fassung wiederzugewinnen und/oder um Wege der Problemlösung zu finden. Wenn Ihr Gegenüber Ihre Nerven allzu sehr strapaziert, weisen Sie ihn aus dem Zimmer oder verlassen Sie selbst den Raum.

Übungen

1. Der beste Schutz gegen Verletzung durch dumme Sprüche besteht darin, sich über seine eigenen Maßstäbe klar zu werden. Schreiben Sie stichwortartig auf, welches Ihre wunden Punkte sind. In welchen Bereichen Ihres Lebens sind Sie verletzbar – geht es um Ihr Aussehen und/oder Ihre Figur, hat es was mit Ihrem Job zu tun, betrifft es bestimmte Fähigkeiten oder Tätigkeiten?

   Finden Sie nun heraus, warum es so ist, wie es ist, und begründen Sie jeden Ihrer Punkte. Gehen Sie dabei strikt vom Ist-Zustand aus. Zum Beispiel: »Ich bringe ein paar Pfund zu viel auf die Waage, weil ich Süßigkeiten über alles liebe.« Oder: »Ich fahre ein altes Auto, weil ich mir ein neues momentan nicht leisten kann.«

   Versuchen Sie nun zu ergründen, wie es »eigentlich« sein sollte, beispielsweise »Ich sollte schlank sein« oder »Ich sollte einen repräsentativen Neuwagen fahren«. Finden Sie anschließend heraus, wer das von Ihnen fordert und warum. Sagt Ihr Partner, dass Sie abnehmen sollen? Oder ist es nur die Macht der Werbe-, Fernseh- und Kinobilder, die Ihnen (aus rein kommerziellen Gründen) weismachen wollen, die *schlanke* Frau sei die *einzig mögliche* Frau? (Sehen Sie sich mal um, wie viele erfolgreiche Frauen keineswegs zaundürr und bisweilen noch nicht mal im landläufigen Sinne schön sind ...!) Wer verlangt, dass Sie bedeutend mehr verdienen, so dass Sie sich einen blitzenden Neuwagen leisten können – Ihre Familie, Ihr Freundeskreis, Ihre Kollegen?

Überlegen Sie nun, welches *Ihr* persönlicher Maßstab ist. Wo liegen *Ihre* Prioritäten? Tragen die Süßigkeiten entscheidend zu Ihrer Lebenslust bei oder ist Ihnen ein schlanker Körper wichtiger? Gefällt Ihnen Ihr Job, auch wenn das Gehalt eher bescheiden ist, oder liegt Ihnen mehr an einem neuen Auto?

Entscheiden Sie sich für *Ihren* persönlichen Maßstab und fixieren Sie ihn schriftlich: »Ich liebe Süßigkeiten über alles.« Punkt. »Ich fühle mich sauwohl in meinem Job.« Aus, amen. Denken Sie daran: Treffen kann man Sie nur, wenn Sie der Meinung sind, der Sprücheklopfer hätte »eigentlich« Recht und »eigentlich« müssten Ihre Lebensumstände ganz andere sein. Sobald Sie jedoch Ihre ureigenen Maßstäbe und Prioritäten erkannt haben, können Sie sie selbstbewusst vertreten und der dumme Spruch prallt wirkungslos an Ihnen ab.

Möchten Sie hingegen an Ihren gegenwärtigen Lebensumständen etwas ändern, entwerfen Sie einen Plan: »Ab sofort mache ich FdH, schränke meinen Süßigkeitenkonsum ein und melde mich im Fitnessstudio an.« Oder: »Ich sehe mich nach einer besser bezahlten Arbeit um. Ab heute studiere ich intensiv die Stellenangebote in den Zeitungen, schreibe Bewerbungen und erzähle allen Bekannten, dass ich auf der Suche nach einem neuen Job bin.«

2. Im Abschnitt *»Du kannst mich mal« auf die feine englische Art – Die nonverbale Gegenoffensive* (S. 110) habe ich Ihnen die Möglichkeiten des nonverbalen Konters vorgestellt. Üben Sie sie zu Hause vor dem Spiegel, um sich ihrer Wirkung bewusst zu werden und sie zu vervollkommnen. Setzen Sie Ihre Fantasie und Ihr kreatives Potential ein, um weitere körpersprachliche Repliken zu entwickeln.

3. Im Abschnitt *Besser gut ausgeteilt als schlecht eingesteckt – Der freche verbale Konter* finden Sie eine Liste typischer dummer Sprüche (S. 111). Greifen Sie diejenigen heraus, gegen die sie gewappnet sein möchten. Selbstverständlich können Sie die Formulierungen auch abwandeln oder durch dumme Sprüche ersetzen, die Ihnen tatsächlich schon mal an den Kopf geworfen wurden. Spielen Sie nun für jede blöde Anmache alle sieben Kontermöglichkeiten durch (siehe Beispiel auf S. 111). Am besten schriftlich, um Ihre Antworten im Gedächtnis und im Unterbewusstsein zu verankern, damit Sie sie im »Ernstfall« parat haben.

»Ihr Kaffee ist wirklich der beste!« – Vom Umgang mit Schmeichlern, Angebern und anderen Aufdringlingen

Dieses Kapitel ist Schmeichlern, Angebern und anderen aufdringlichen Unsympathen gewidmet – besser gesagt, ihrer Abwehr. Denn obwohl sie ganz und gar nicht in kriegerischem Gewand daherkommen, sind schleimige Komplimente und angeberisches Gefasel fast ebenso unangenehm wie ein verbaler Frontalangriff.

Süßholzraspler und Komplimentedrechsler

In dem Moment, da die schüchterne Verehrung des netten, aber vollkommen unattraktiven Bekannten in klebrige Anhänglichkeit umschlägt, will frau ihn loswerden – möglichst ohne ihn zu kränken, aber ein für allemal. Oder frau hat von jener Freundin genug, die sich selbst für eine graue Maus hält, sich absolut nichts zutraut und deshalb das Objekt ihrer Verehrung – die Freundin – in den Himmel hebt. Und dass der Chef seine Komplimente (»Sie sind doch mein bestes Stück!«) nicht ganz uneigennützig verteilt, wird auch der ergebensten Sekretärin spätestens dann klar, wenn sie zum zehnten Mal in Folge Überstunden machen soll.

Wie geht die souveräne Zicke mit derlei »Klebrigkeiten« um? Zunächst mal: Machen Sie sich klar, wo *Sie* die Grenze ziehen. Komplimente und Bewunderung sind Balsam fürs Selbstwertgefühl – aber nur, solange sie ein gewisses Maß nicht übersteigen. Das aufrichtige Kompliment erkennen Sie daran, dass Sie es mit Freude annehmen können, während die Schmeichelei immer ein Gefühl hinterlässt, als hätten Sie auf Sand gebissen. Sobald die Bewunderin oder der Bewunderer beginnt, Ansprüche auf Sie anzumelden, sollten Sie ihr oder ihm unmissverständlich klar machen, dass Sie *Ihr eigenes Leben* führen.

Dass sich beispielsweise der Bekannte in Sie verliebt hat, ist *seine* Angelegenheit, nicht Ihre, und selbst wenn Sie ihn noch so sehr schätzen oder er Ihnen noch so sehr Leid tut in seiner Liebespein, dürfen Sie nicht zulassen, dass er Macht über Sie gewinnt. Erstens ziehen weder Sie noch er irgendeinen Gewinn daraus, wenn Sie sich aus purem Mitleid bereit erklären, ab und zu mit ihm auszugehen, und ihn somit in dem Glauben lassen, er könnte durch Hartnäckigkeit doch noch irgendwann ans Ziel gelangen. Und zweitens begeben Sie sich dadurch in ein vollkommen unerwünschtes Abhängigkeitsverhältnis: Sie übernehmen Verantwortung für sein Wohlergehen und damit öffnen Sie der emotionalen Erpressung Tür und Tor (»*Du* bist schuld, dass es mir so schlecht geht – tu was dagegen!«).

Das Gleiche gilt für die Freundin, die Sie auf einen Sockel hebt. So angenehm es ist, bestätigt und bewundert zu werden, so klebrig-zäh sind die daraus entstehenden Verpflichtungen. Denn die Schmeichelei »Du fährst wirklich super Auto!« bedeutet im Klartext, dass *Sie* während des Kneipenbummels auf Alkohol verzichten, weil Ihre Freundin sich das Chauffieren ja »nicht zutraut«. Und während sie unablässig beteuert, welch erlesenen Geschmack Sie haben, wie couragiert Sie sich im Beruf durchsetzen und wie »unbedeutend« sie im Vergleich zu Ihnen sei, müssen *Sie* der selbst erklärten grauen Maus wieder und wieder gut zureden, sie aufmuntern und ihr Selbstvertrauen stärken. Nur deshalb wurden Sie von ihr zum Objekt der Bewunderung auserkoren.

In diesen Fällen geht es also weniger um den schlagfertigen Konter (obwohl Sie den natürlich auch anbringen können) als darum, eindeutig und unmissverständlich klarzustellen, dass Sie diese Art von Bewunderung und (fordernder) Anhänglichkeit nicht wollen. Klagen in der Art von »Aber was soll ich denn ohne dich/Sie machen?« brauchen Sie kein Gehör zu schenken, denn schließlich ist die oder der Betreffende ja auch ganz gut ohne Sie zurechtgekommen, als Sie sich noch nicht kannten. Nehmen Sie es in Kauf, dass man Sie als »hartherzig« bezeichnet – lieber hartherzig und frei als weichherzig und in Ketten. Als souveräne Zicke bestimmen Sie selbst, mit wem und wie Sie Ihre Zeit verbringen – nur brave Schäfchen möchten *everybody's darling* sein!

Dem Schmeichler nehmen Sie am besten den Wind aus den Segeln, indem Sie einfach das Gegenteil behaupten und nach Möglichkeit noch eins obendrauf setzen. Säuselt der Kollege: »Ihr Kaffee ist wirklich der beste!«, kontern Sie cool: »Falsch! Der in der Kaffeeküche ist der beste – Sie brauchten ihn nur mal in den Filter zu schütten und die Maschine anzustellen!« Flötet einer Ihrer weiblichen Gäste: »Nein, was für eine tolle Party – wie bringst du das nur immer fertig?«, erwidern Sie gelassen: »Gute Vorbereitung, Partyservice XY und nette Leute. Das könntest du genauso – wenn du dich endlich mal entschließen würdest, nicht immer bloß Gast zu sein!«

Maulhelden in Nadelstreifen – Anzüglichkeiten

Noch entschiedener sollten sie mit jenen Herren der Schöpfung verfahren, die durch Anzüglichkeiten Ihre Aufmerksamkeit zu erheischen suchen. Angefangen von »Das sind ja reizende Einblicke«, wenn Sie im Sommer mal ein etwas tiefer ausgeschnittenes Dekolleté tragen, über ein neckisches »Sie sehen aber müde aus – war wohl eine aufregende Nacht?« bis hin zum alkoholisiert gelallten »Na, Mädel, wie wär's mit uns beiden?« verfügen Männer über ein breites Repertoire, um weibliche Nerven zu strapazieren.

Auch hier gilt: Ziehen Sie selbst die Grenzen – klar und unmissverständlich. Empfinden Sie den Hinweis auf die »reizenden Einblicke« als Kompliment, können Sie den Spruch mit »Ja, nicht wahr?« und einem wohlgefälligen Lächeln quittieren. Fühlen Sie sich hingegen belästigt, parieren Sie mit einem scharfen Konter: »Sie sollten sich auf das vor Ihnen liegende Schriftstück konzentrieren, Herr Krüger, sonst entgeht Ihnen noch was Wichtiges!« Oder noch schärfer, nach kritischer Musterung: »An Ihnen kann ich leider nichts Erfreuliches finden.«

Auch die Gründe Ihrer vermeintlichen Müdigkeit gehen niemanden etwas an: Wie Sie die Nacht verbracht haben und mit wem, ist einzig und allein Ihre Sache. Eine sachliche Erwiderung, um den Sprücheklopfer in die Schranken weisen, könnte lauten: »Es geht jetzt nicht darum, ob ich müde bin oder nicht, sondern darum, dass wir uns auf die anstehende Präsentation konzentrieren.« Der freche Konter: »Man soll nicht von sich auf andere schließen« oder: »Haben *Sie* heute schon mal in den Spiegel geguckt?« Der gezielte Gegenschlag: »Sie scheinen ja einen gewaltigen Notstand zu haben, Herr Schulze, wenn Ihre Gedanken schon am frühen Morgen um so was kreisen ...«

Rückt Ihnen jemand in alkoholisiertem Zustand zu Leibe, sollten Sie sich darüber im Klaren sein, dass zarte Andeutungen hier nicht weiterhelfen. Patscht Ihnen der Chef, der Kollege oder der Kunde seine feuchte Hand aufs Knie, werden Sie mit einem dezenten »Also bitte, Herr Immermann« nichts erreichen. Hier heißt es: sofort raus aus der passiven (Opfer-) Rolle und die Initiative ergreifen, um eine Mauer aufzurichten und dem Betreffenden klar zu machen, dass er entschieden zu weit gegangen ist. Nehmen Sie seine Hand und schieben Sie

sie energisch von sich weg, zum Beispiel auf den Tisch. Ihr begleitender Kommentar könnte lauten: »Hier liegt eine Verwechslung vor – die Adressen einschlägiger Damen entnehmen Sie bitte der Tagespresse.« Ist der Alkoholpegel bereits so hoch, dass auch dies nicht mehr hilft, ist sogar der Griff zum Wasser- oder Weinglas durchaus legitim, dessen Inhalt Sie dem Grapscher ins Gesicht schütten. Ganz gleich, ob es sich um Ihren Chef oder einen wichtigen Kunden handelt – kein Job und kein Geschäftsabschluss ist es wert, sich dafür zu prostituieren!

Auch wenn es sich »nur« um anzügliche Sprüche handelt, die Sie beim »gemütlichen Teil des Abends« zu hören bekommen, sollten Sie sich entschieden zur Wehr setzen. Es ist überhaupt nicht witzig, wenn ein Kollege Sie – mehr oder minder direkt – zum Beischlaf auffordert. Denn zum einen geht es ihm dabei keineswegs um *Sie*, sondern darum, sich vor den anderen Männern als Potenzprotz aufzuspielen, der »jede haben kann«, wobei Ihnen nur die Funktion der besonders begehrenswerten Trophäe zukommt. Zum anderen verletzt er Ihre Würde, weil er Sie zum (Sexual-)Objekt degradiert.

Je übler die Anmache, desto schärfer sollte Ihr Konter ausfallen. Auf das zweideutig-eindeutige Angebot mit »Danke, mir *ist* schon schlecht« zu reagieren ist absolut angemessen. Und den Spruch »Geh schon mal rauf, ich komme gleich nach« sollten Sie mit einem Konter wie »So blau kann ich gar nicht sein, dass ich einen wie dich ins Zimmer ließe« oder »Einen wie dich würde ich nicht mal zum Staubsaugen ins Zimmer lassen« abschmettern.

»Ich hab den gleichen Friseur wie Boris Becker!« – Angeber und Aufschneider

Wer kennt sie nicht, die Bekannte, die ständig damit prahlt, jeder Mann verlöre sofort den Verstand, wenn er ihrer nur ansichtig würde? Oder den Kollegen, der einen andauernd mit seinen ach so beindruckenden beruflichen Erfolgen vollsülzt, die Mutter, die keine Gelegenheit auslässt, um die überragenden intellektuellen und künstlerischen Begabungen ihrer Kinder ins Gespräch einzustreuen, den Bekannten, der sich unausgesetzt der (Beinahe-)Bekanntschaften irgendwelcher Promis rühmt, oder die Ehefrau, die mit dem (vom Mann erwirtschafteten) dicken Auto, dem Eigenheim und sonstigen Statussymbolen protzt ...

All diesen Angebern und Aufschneidern ist eines gemeinsam: ein wenig ausprägtes Selbstwertgefühl. Sie versuchen sich mit fremden Federn zu schmücken oder dem eigenen spatzengrauen Gefieder einen leuchtend bunten Anstrich zu verleihen, in der Hoffnung, ihr Gegenüber werde ihnen, zutiefst beeindruckt, seine Reverenz erweisen. Aus diesem Grund nützt es meist wenig, sich auf den Wettstreit einzulassen und den Großsprecher übertrumpfen zu wollen, selbst wenn Sie tatsächlich mehr zu bieten haben. Diese Art von »Unterhaltung« ermüdet rasch und führt zu nichts. Der notorische Angeber wird sein Verhalten nicht grundlegend ändern (jedenfalls nicht, solange er sich nicht mehr Selbstwertgefühl zubilligt) und Sie haben es als souveräne Zicke nicht nötig, sich mit irgendetwas zu brüsten – Sie *wissen* um Ihren Wert und müssen ihn nicht von anderen bestätigen lassen.

Denn im Ernst: Was ist so toll daran, im selben Restaurant wie Boris Becker gespeist oder im selben Flieger wie Verona Feldbusch gesessen zu haben? Schließlich handelt es sich dabei nicht um eine besondere Leistung, auf die der Angeber zu

Recht stolz sein könnte, sondern um eine rein zufällige Gleichzeitigkeit der Ereignisse. Die noch nicht mal irgendein Ergebnis zeitigten, da der Promi dem Prahlhans ja keinerlei Aufmerksamkeit schenkte. Haben Sie es mit Imponiergehabe in Form von VIP-Prahlerei zu tun, gibt es eine ganz einfache Standardreplik: »Ähnlich lähmend langweilig war übrigens auch folgende Episode ...«

Möglichkeit Nummer zwei: Sie wenden das, was Prahlhans oder -gretel so toll findet, ins Negative. Brüstet sich Ihre Freundin: »Meine Kosmetikerin sagt, ich habe dieselbe makellose Haut wie Verona Feldbusch«, können Sie erwidern: »Hast du auch dieselbe makellose Dummdreistigkeit?« Den Angeber, der Sie durch die Behauptung zu beeindrucken sucht, er spreche »fließend fünf Sprachen«, können Sie mit dem Konter auflaufen lassen: »Ach ja? Dann sag doch mal ›Guten Tag‹ auf Kindisch.« Berichtet eine Mutter mit leuchtenden Augen, die Klavierlehrerin habe ihrem Sohn bereits nach der dritten Stunde eine »große Karriere« vorausgesagt, würgt die Replik »Als Hochstapler?« weitere Schwärmereien sofort ab. Erzählt eine Bekannte völlig unglaubwürdig, es seien »drei Headhunter hinter ihr her«, kontern Sie cool: »Na, immer noch besser, als wenn Interpol ein Kopfgeld auf dich aussetzt.«

Als dritte Kontermöglichkeit im Umgang mit Angebern steht Ihnen die (absurde) Übertreibung zur Verfügung. Dem selbst ernannten Sprachgenie können Sie beispielsweise entgegenhalten: »*Ich* spreche sieben Sprachen, darunter sogar Algebra!« Der Dame mit den Headhuntern erwidern Sie: »Hinter mir waren im letzten Urlaub sogar fünfzig Jäger her – die Jívaro-Indianer am Amazonas wollten meine Rübe als Schrumpfkopf haben!« Und der Begeisterung der ehrgeizigen Mutter können Sie einen Dämpfer aufsetzen mit dem Konter: »Ich war auch ein Wunderkind und gewann sämtliche Wettbewerbe – im Nasenbohren!«

Die vierte Strategie im Umgang mit Angebern besteht darin, sich selbst herabzusetzen, um den Prahlhans wieder auf den Boden der Tatsachen zurückzuholen. Hier einige Beispiele. Sagt eine Freundin: »Seit wir drei Autos besitzen, haben wir echte Parkplatzprobleme«, können Sie erwidern: »Du Ärmste! *Ich* hab nur ein Fahrrad und bei dem ist das Rücklicht defekt.« Erzählt ein stolzer Vater, seine Tochter habe ihr Studium »selbstverständlich *summa cum laude* beendet«, kontern Sie bescheiden: »Wow! *Ich* bin froh, dass ich die theoretische Führerscheinprüfung geschafft hab.« Und der Bekannten, die Sie mit der Nachricht überfällt, sie hätte »um ein Haar den Champion des Golfclubs geschlagen«, entgegnen Sie: »Toll! Ich kann mir nicht mal 'n Polo leisten.«

Übungen

1. Achten Sie in nächster Zeit auf Angebereien in Ihrer Umgebung und schreiben Sie sie auf. Üben Sie anhand Ihrer Aufzeichnungen, Angebern souverän zu begegnen, indem Sie für jeden Satz die im Abschnitt *»Ich hab' den gleichen Friseur wie Boris Becker!«* (S. 121) erwähnten Kontermöglichkeiten durchspielen: eins draufsetzen, (absurd) übertreiben, in die Defensive gehen.
2. Legen Sie sich ein Repertoire von männerfeindlichen Witzen und Bonmots zu, damit Sie sich gegen blöde Anmache zur Wehr setzen können. Haben Sie Schwierigkeiten, sich derlei zu merken, notieren Sie sich den guten Witz oder den frechen Ausspruch, am besten in das Büchlein mit Ihren eigenen Lieblingskreationen (siehe Übung 13, S. 26).

Notlügen, Ausreden und Bluffs

Notlügen, Ausreden und Bluffs erleichtern das Leben. Denn frau muss sich nicht kopfüber in Auseinandersetzungen stürzen, um dem Gebot der unbedingten Aufrichtigkeit Genüge zu tun. Durch kleine Notlügen lassen sich häufig unnötige Konflikte vermeiden, die clevere Ausrede erspart es Ihnen, sich wegen eines unbedeutenden Fehlers oder Missgeschicks im Staube wälzen zu müssen, und durch geschicktes Bluffen können Sie Punkte machen, obwohl Sie keine Ahnung haben, wovon gerade die Rede ist.

Um jedoch keine Missverständnisse aufkommen zu lassen: Ich möchte Ihnen hier nicht ans Herz legen, sich grundsätzlich mit Halbwahrheiten oder gar faustdicken Lügen durchs Leben zu mogeln – zumal Letztere in der Regel früher oder später auffliegen. Als souveräne Zicke übernehmen Sie selbstverständlich Verantwortung für Ihr Handeln, auch wenn Sie mal einen Fehler gemacht haben, und unangenehme Situationen stehen Sie souverän durch, wenn sie sich denn nicht vermeiden lassen. Die Schuld prinzipiell anderen in die Schuhe zu schieben zeugt nicht von Selbstbewusstsein.

Im Folgenden werde ich Ihnen einige Situationen vorstellen, in denen Sie mit Notlügen, Ausreden und Bluffs tatsächlich weiter kommen als mit Aufrichtigkeit um jeden Preis.

»Meine Tütensuppe brennt an!«

Ja doch, wir wissen es alle: »Du sollst nicht lügen« steht schon in der Bibel und auch unsere Eltern haben es uns immer wieder eingetrichtert. Dennoch gibt es Situationen, in denen die kleine Notlüge uns oder auch andere vor Scherereien bewahrt, die die nackte Wahrheit unweigerlich mit sich brächte.

Was soll man schon sagen, wenn eine Bekannte einen am Telefon mit ihren Sorgen und Wehwehchen belabert, die wir bereits sämtlich auswendig herbeten können, die uns nicht im Geringsten interessieren und uns die Zeit stehlen. Der Gesprächspartnerin ein knallhartes »Du nervst!« an den Kopf werfen? Um uns dann mit dem unweigerlich erfolgenden Tränenausbruch herumzuschlagen? Da ist es doch viel einfacher, zu behaupten, es habe gerade an der Tür geklingelt und man müsse öffnen gehen oder der Akku des schnurlosen Telefons sei leer oder das Essen verbrutzele auf dem Herd oder man sei gerade auf dem Sprung, das Haus zu verlassen. Das ist zwar keine dauerhafte Lösung für den Umgang mit der ewig jammernden Bekannten, aber zumindest für den Moment sind Sie aus dem Schneider.

Ähnliches gilt beispielsweise für unliebsame Familienfeste. Lohnt es den Aufwand, ein Drama auszulösen, indem Sie Ihrer Mutter frank und frei erklären, diese ständigen Zusammenkünfte der Mischpoke langweilten Sie zu Tode und Sie hätten keine Lust, dafür Ihr Wellnesswochenende zu opfern? Wohl eher nicht. (Es sei denn, Sie wollen ein für allemal klarstellen, dass man Sie mit derlei Einladungen verschonen soll.) Da ist es doch viel einfacher, einen wichtigen beruflichen Termin (»Ich bin auf einem Seminar«) zu erfinden, einen schon seit Ewigkeiten gebuchten Trip nach New York zu erdichten oder auch, wenn das nicht funktioniert, eine plötzlich ausgebrochene Krankheit vorzuschützen (»Leider kann ich nicht kommen – ich hab eine fürchterliche Magen-Darm-Verstimmung«). Damit ist die Familie beruhigt, man wird Ihre Abwesenheit sehr bedauern und Sie haben Ihre Ruhe.

Auch im Business ist die kleine Notlüge bisweilen durchaus angebracht. Warum sollten Sie sich mit dem Chef auf ein fruchtloses Geplänkel einlassen, weil Sie schon wieder zu spät gekommen sind? Sagen Sie doch einfach: »Kollege Singer hat mich auf dem Flur aufgehalten und mir berichtet, dass es mit dem Projekt XY folgende Schwierigkeiten gibt …« Hier können Sie eine Information verwenden, die Sie bereits gestern in der Kantine erhalten, aber für nicht besonders wichtig erachtet hatten – der Chef jedoch wird durch sie garantiert von Ihrer Unpünktlichkeit abgelenkt.

Beim Erfinden von Notlügen sind natürlich Einfallsreichtum und blitzschnelles Reaktionsvermögen gefragt – doch die haben Sie mit den Übungen zu den vorangehenden Kapiteln ja ausgiebig trainiert.

Ich war's nicht, das war schon, und überhaupt – da könnte ja jeder kommen!

Die Kunst der Ausrede basiert im Grunde auf drei – je nach Situation anzuwendenden – einfachen Grundaussagen. Die erste lautet: »Ich war's nicht!« Mit ihr weisen Sie jegliche Verantwortung weit von sich. Eine Akte ist unauffindbar? »Hab ich nix mit zu tun!« Am Auto ist eine Delle? »Da muss mir auf dem Parkplatz einer reingefahren sein!« Der Kunde wurde falsch informiert? »Das muss er falsch verstanden haben!«

Die zweite Grundaussage lautet »Das war schon«. Sie dient dazu, das betreffende Missgeschick in eine ferne Vergangenheit zu verlegen. Ihnen bricht an der Lieblingstasse des Chefs der Henkel ab? »Nun sehen Sie sich das an – ich hol die Tasse aus dem Schrank und stelle fest, dass sie kaputt ist!« Sie überschreiben versehentlich eine wichtige Datei? »Keine Ahnung, was da passiert ist – letzte Woche war sie noch da!« Die Kollegin wirft Ihnen vor, Sie hätten Ihre Ablage nicht im Griff? »Das habe ich *schon immer* so gemacht und du hast dich noch nie beschwert!«

»Da könnte ja jeder kommen!« ist die dritte Grundaussage, mit deren Hilfe Sie das Anliegen Ihres Gegenübers für unberechtigt oder zur völlig überzogenen Wunschvorstellung erklären. Eine meiner Freundinnen, Marlies, hat diese Situation (leider als Opfer) kürzlich mit ihrem Hausbesitzer durchgespielt, der eine Mieterhöhung durchsetzen wollte. Als Marlies ihm die diversen Mängel an Haus und Wohnung aufzählte, die er beheben müsse, wenn er von ihr mehr Miete kassieren wolle, erwiderte er dreist: »Wenn es Ihnen hier nicht mehr gefällt, dann ziehen Sie doch aus!« Oder: Eine Angestellte fordert ein höheres Gehalt von Ihnen und Sie erwidern: »Tut mir Leid, für einen Job wie den Ihren ist einfach nicht mehr drin.« Oder: Ihr Partner möchte seine Kumpel zum WM-Finale in Ihre gemeinsame Wohnung einladen, Sie jedoch sehen es überhaupt nicht ein, sich Ihr Heim durch Zigarettenqualm und Bierdunst vermiefen zu lassen. Ihr Konter: »Sonst noch was? Dafür gibt's Kneipen!«

Wenn Sie die Anwendung der dritten Grundaussage in höchster Perfektion studieren möchten, begeben Sie sich auf irgendein Amt: Das Stichwort »Kundenorientierung« ist den meisten Behörden nach wie vor völlig fremd und jeder Wunsch, der auch nur ein klein wenig aus dem Rahmen des üblichen Procedere fällt, wird sofort abgeschmettert: »Da könnte ja jeder kommen!«

Wie Sie sehen, liegt sämtlichen Ausreden das Prinzip zugrunde, dass Sie sich für nicht zuständig erklären. Deshalb besteht die erweiterte Form der Ausrede darin, die Verantwortung auf einen Vorgesetzten abzuschieben. Sie kennen diese Methode vielleicht aus Kindertagen, als Sie ins Kino wollten, Ihre Mutter jedoch bedauernd die Achseln zuckte und säuselte: »Von mir aus gern, aber du weißt ja, was Papa gesagt hat: Kein Kinobesuch, bis du in Mathe auf einer Drei stehst.« Dieselbe Taktik können Sie anwenden, wenn Sie beispielsweise ein Kunde anmault, Sie hätten seine Wünsche nicht erfüllt: »Sorry, ich habe mich strikt an die Vorgaben meines Chefs gehalten.«

Häufig müssen Sie die Ausrede gar nicht aus dem Ärmel schütteln, sondern bekommen eine Vorwarnung: Der Chef bittet Sie in einer Stunde zu sich oder es wird telefonisch ein Treffen für ein Gespräch vereinbart. Nutzen Sie die Zeit, um sich einige schlüssige Ausreden einfallen zu lassen. Sie brauchen nicht alle anzubringen, aber es ist immer gut, wenn Sie mehrere in petto haben, je nachdem, in welche Richtung das Gespräch verläuft. Nach den obigen drei Grundregeln können Sie beispielsweise Ihre Beteiligung an einem schief gelaufenen Projekt rundweg abstreiten, das Scheitern unvorhersehbaren widrigen Umständen zuschreiben oder behaupten, Sie hätten sich an Unterlagen orientiert, die seit jeher in der Firma verwendet würden.

Zur Taktik, die Schuld anderen in die Schuhe zu schieben, sollten Sie nur greifen, wenn berechtigte Gründe vorliegen. Denn die Behauptung, Ihre Sekretärin habe »den Angebotstext verpfuscht«, wird unweigerlich die Frage nach sich ziehen, warum Sie das Schreiben nicht noch einmal gründlich durchgelesen haben, bevor Sie es an den Kunden schickten – und Sie stehen erst recht dumm da. Am besten notieren Sie Ihre Ausreden in Stichworten und lernen sie auswendig, damit Sie sie im Gespräch sofort parat haben.

Mehr scheinen als sein – Der gekonnte Bluff

Der Bluff ist nicht nur unverzichtbarer Bestandteil des Pokerspiels, sondern auch im Alltag weit häufiger anzutreffen, als man meinen möchte.

Tatsächlich kommen Sie im Leben mit gekonntem Bluff

meist weiter als mit skrupelbehafteter Aufrichtigkeit. Fragt man Sie bei einem Einstellungsgespräch beispielsweise, ob Sie ein bestimmtes Computerprogramm beherrschten, sagen Sie ruhig Ja – erstens funktionieren (fast) alle Programme nach ähnlichen Prinzipien und zweitens können Sie sich später immer noch darauf rausreden, dass Sie mit dieser Version noch nicht vertraut seien. Das Gleiche gilt, wenn »perfekte Kenntnisse« irgendeiner Fremdsprache von Ihnen verlangt werden – im Allgemeinen reicht es aus, wenn Sie die Sprache einigermaßen beherrschen. (Eine Ausnahme bilden Englischkenntnisse und der Fall, dass Sie sich als Fremdsprachenkorrespondentin bewerben – obwohl man sogar von geprüften Übersetzern bisweilen Hanebüchenes zu lesen bekommt ...)

Auch Meetings sind ein prima Feld für Bluffs: Selbst wenn Ihnen vollkommen schleierhaft ist, worüber die Kollegen gerade debattieren, genügt ein wissender Blick, ein still-versonnenes Lächeln, um die anderen glauben zu machen, Sie seien vollkommen im Bilde – oder besäßen sogar einen Informationsvorsprung. Sie können auch einfach wiederholen, was ein anderer gerade sagte, und dem Satz ein »Sie meinen also, dass ...« voranstellen; der Angesprochene wird dies als Aufforderung verstehen, seine Aussage ausführlich zu belegen und zu begründen, wodurch Sie die Chance bekommen, endlich zu kapieren, was eigentlich Sache ist. Da Meetings ohnehin reine Selbstdarstellungsveranstaltungen sind, profilieren Sie sich durch abgehobene Bemerkungen zu Strategie und Ausrichtung, statt sich in den Niederungen der Detailfragen abzukämpfen. Oder Sie erteilen den restlichen Anwesenden mit dem Statement, man sei »auf dem richtigen Weg«, Ihren Segen. Schlagen die Wogen der Erregung hoch, zitieren Sie verhalten, aber so, dass es jeder hört, Oscar Wilde: »Arbeit ist der Fluch der trinkenden Klasse.«

Der gekonnte Bluff erfordert keinerlei eingehende Kenntnis

von irgendwas, sondern nur die Fähigkeit, sich blitzschnell in eine Situation einzufügen und das zu tun oder zu sagen, was alle anderen tun oder sagen – aber mit jenem Quäntchen »Mehr«, das Sie als vermeintlich überlegen ausweist. Beispielsweise brauchen Sie von Wein rein gar nichts zu verstehen, es genügt vollkommen, wenn Sie sich folgendes Verfahren antrainieren, das absolut nichts aussagt und große Kennerschaft vortäuscht: Schwenken Sie den Wein ein paarmal im Glas (damit die Blume sich entfaltet), senken Sie Ihre Nase hinein (natürlich ohne dass sie nass wird), halten Sie das Glas gegen das Licht (Farbe! besonders bei Rotwein wichtig), nehmen Sie langsam den ersten Schluck, kauen Sie ein wenig darauf herum (dient dem Kenner dazu, sämtliche Geschmacksnuancen zu erfassen), schlucken Sie und dann: Legen Sie den Kopf schief, schauen Sie schräg nach oben, machen Sie einen absolut neutralen Gesichtsausdruck und sagen Sie, ebenfalls absolut neutral: »Hmmm ...« Der Informationsgehalt Ihrer Aussage ist gleich Null, aber man wird glauben, Sie seien eine Connaisseurin, die sich weise jeglichen Kommentars enthält. Ob Sie schweigen, weil es sich um ein so mäßiges Gesöff handelt, dass sich jegliche Bemerkung erübrigt, oder um einen so erlesenen Tropfen, dass er mit Worten nicht zu beschreiben ist, bleibt der Einschätzung Ihres Gegenübers überlassen ...

Ein wichtiges Werkzeug des Bluffers ist in allen Lebenslagen der Griff zum Zitat. Legen Sie sich ein Repertoire von Aperçus bedeutender Menschen zu (siehe Übung 3, S. 133) und lassen Sie sie in brenzligen Situationen vom Stapel – je nach Gelegenheit seufzend, lächelnd oder tiefgründig: »Wie sagte schon Goethe ...« oder: »Luther konstatierte sehr treffend ...«

Man hat Sie beispielsweise zu einer Vernissage geladen und Sie sind ein kompletter Kunstbanause? Kein Problem, Karl Valentins Bonmot wird Sie über jede Peinlichkeit hinwegretten: »Kunst ist schön, macht aber viel Arbeit.« *Verblüffende*

Erfolge erzielen Sie auch mit lateinischen Zitaten (wer versteht die schon?): Sind Sie zum Beispiel als Teamchefin mit dem Widerstand Ihrer Mitarbeiter konfrontiert, werfen Sie Ciceros »Oderim, dum metuant« (»Mögen sie mich hassen, wenn sie mich nur fürchten«) in die Runde und Sie werden sehen, es herrscht erst mal Ruhe im Karton. Fragt man Sie in einer innenpolitischen Diskussion nach Ihrer Meinung und Sie wissen nicht mal genau, worum es eigentlich geht, können Sie (fast) immer mit Bismarck bluffen: »Mit Gesetzen ist es wie mit Würstchen. Es ist besser, wenn man nicht sieht, wie sie gemacht werden.«

Natürlich können Sie, wenn Sie Eindruck schinden wollen, auch eigene Bonmots als Zitat von irgendwem verkaufen und selbst fabrizierte Schwachheiten einem großen Denker unterjubeln: »Sagte nicht schon Immanuel Kant: ...?« Sind Sie zufällig an einen promovierten Philosophen geraten, der beweisen kann, dass Kant diesen Ausspruch gewiss *nicht* getan hat, erwidern Sie leichthin: »Oh, dann war es wohl Louis Michel de Valloncourt.« Sagt Ihr Gesprächspartner irritiert, dass er diesen Valdondingsda nicht kenne, lächeln Sie überlegen. Natürlich kennt er diesen Geistesriesen nicht – Sie haben ihn ja gerade erst erfunden!

Der gekonnte Bluff ist *die* Spielwiese der souveränen Zicke, denn hier kommen Ihr Einfallsreichtum, Ihre Spielfreude und Ihre (selbst-)darstellerischen Fähigkeiten hervorragend zur Geltung. Gönnen Sie sich das Vergnügen!

Übungen

1. Wenn Sie bislang glaubten, immer und unter allen Umständen ehrlich sein zu müssen, erlauben Sie sich, das Leben ein bisschen leichter zu nehmen. Jede/r gebraucht hin und

wieder Notlügen, und wenn Sie sich ebenfalls ein wenig Bequemlichkeit gestatten, bilden Sie ganz gewiss keine »verabscheuungswürdige Ausnahme«.

Üben Sie ab heute, Notlügen zu erfinden: Strapaziert das nächste Mal jemand Ihre Geduld durch langweiliges Gequassel, bringen Sie eine Notlüge an, die es Ihnen ermöglicht, das Telefonat zu beenden, den Raum zu verlassen oder die Nervensäge hinauszuexpedieren. Will Ihr Partner Sie unbedingt bei der Firmenfeier mit Damenbegleitung dabeihaben, lassen Sie sich was einfallen, um der öden Veranstaltung zu entgehen.

2. Üben Sie in den nächsten Tagen, Ausreden zu erfinden. Weisen Sie jegliche Verantwortung von sich (»Ich war's nicht!«), behaupten Sie, das Missgeschick sei irgendwann in grauer Vorzeit – und selbstverständlich ohne Ihre Beteiligung – passiert (»Das war schon!«), und lehnen Sie es ab, die Erwartungen anderer zu erfüllen (»Da könnte ja jeder kommen!«).

Machen Sie vorerst ein Spiel daraus, denn solange Sie noch keine Meisterin im Ausredenerfinden sind, kann so ein Schuss auch mal nach hinten losgehen. Erkunden Sie anhand harmloser Situationen (die Kollegin sagt: »Mein Bleistift ist weg, hast du ihn?«), wie Sie die Grundformen der Ausrede am besten an Ihre individuelle Situation und Umwelt anpassen können. Sobald Sie sich sicher fühlen, beginnen Sie die spontane Ausrede auch im Ernstfall einzusetzen.

3. Besorgen Sie sich einen nach Themengebieten gegliederten Zitatenschatz (Sie brauchen keinen teuren Wälzer zu nehmen, so was gibt's auch als Taschenbuch). Schlagen Sie die Themengebiete auf, die Sie am meisten interessieren, notieren Sie besten Aussprüche in Ihrem Bonmotbuch (siehe Übung 13, S. 26) und lernen Sie sie auswendig. Üben Sie, die Aperçus in Ihrem Alltag anzubringen. Achten Sie

auch auf gute Aussprüche, die Ihnen sonst irgendwo begegnen (beispielsweise in der Zeitung), und nehmen Sie sie in Ihr Repertoire auf. Aktualisieren Sie von Zeit zu Zeit Ihren ganz persönlichen Zitatenschatz.

4. Üben Sie »mehr scheinen als sein« in Ihrem Alltag. Entdecken Sie, welche körpersprachlichen Mittel Ihnen zur Verfügung stehen, um überlegen zu wirken: das wissende Lächeln, die amüsiert hochgezogene Augenbraue, das Achselzucken, um Ihrem Gegenüber zu vermitteln »Ich besitze wichtige Informationen, habe mich aber zum Schweigen verpflichtet«, und so weiter.

Trauen Sie sich, mitzureden, ohne wirklich etwas zu sagen. Ein hervorragendes Studienobjekt hierfür bieten Politiker: Hören Sie sich mal eine Bundestagsrede an und versuchen Sie zu formulieren, was da an substanziellen Aussagen gemacht wurde – so gut wie nichts! Diese Worthülsen können Sie sich zunutze machen, wenn Sie den Eindruck erwecken wollen, sich engagiert an einer Diskussion zu beteiligen, in Wirklichkeit aber keinen blassen Schimmer vom betreffenden Thema haben.

Gespräche führen, statt sich (an der Nase herum-)führen zu lassen

In diesem Kapitel werde ich Ihnen die *Sieben goldenen Regeln der effizienten Gesprächsführung* vorstellen, damit Sie als souveräne Zicke nicht nur zu kontern wissen, sondern Kommunikation zu Ihrem Vorteil einsetzen können.

Wie bereits im Kapitel *Lieber einen guten Freund verloren als eine Pointe verschenkt? – Kontern Sie angemessen* beschrieben, können wichtige Gespräche nur in sachlich-nüchterner Atmosphäre geführt werden. Sobald Gefühle ins Spiel kommen und, womöglich lautstark, geäußert werden, verlieren Sie den Blick für die Realität. Ihren Charme und Ihren Humor dürfen Sie zwar immer einsetzen, aber in wohl dosierten Portionen. Denn wenn Sie versuchen, aus dem Einstellungsgespräch einen Flirt zu machen oder die Projektbesprechung durch unausgesetzte witzige Einwürfe zu »würzen«, geraten Sie schnell ins Abseits. Der Personalchef mag Sie zwar »bezaubernd« finden und zum Candlelightdinner einladen wollen, doch als potentieller Firmenneuzugang kommen Sie für ihn nicht in Betracht – schließlich sind hier Ihre Arbeitskraft und Ihr Know-how gefragt, aber gewiss nicht Ihre Flirtqualitäten. Und die Mitglieder Ihres Teams werden Sie vielleicht als echte Stimmungskanone schätzen, doch Sie wissen ja selbst, wie wenig ernst ein Klassenclown genommen wird ...

Halten Sie sich bei wichtigen Gesprächen also lieber ein wenig zurück. Das bedeutet nicht, dass Sie »klein beigeben« sollten, sondern dass Sie Ihrer Selbstdarstellung gewisse Grenzen setzen, und zwar um des Ziels willen, das Sie verfolgen. Glänzen, nach Herzenslust flirten und ausgiebig Ihren Humor versprühen können Sie dann immer noch auf der Fete, die Sie anlässlich Ihres neuen Jobs oder des erfolgreich abgeschlossenen Projekts geben.

Besonders wichtig: Versuchen Sie das Gespräch nicht als »Tauziehen«, als *Kampf* aufzufassen, sondern als *Spiel*. Die Erfahrung zeigt, dass wir umso verkrampfter sind, je mehr wir die Unterredung als ein Kräftemessen, womöglich »auf Leben und Tod«, betrachten. Verkrampfung bedeutet jedoch immer Energieverschwendung. Nehmen Sie sich deshalb für wichtige Gespräche vor, sie *leicht, mühelos* und *ohne Anstrengung* zu führen. Sie werden sehen, dass Sie mit dieser inneren Haltung viel besser fahren und mehr erreichen!

Und hier die *Sieben goldenen Regeln der erfolgreichen Gesprächsführung*.

1. Optimale Vorbereitung

Es ist ein Irrtum, zu glauben, der Erfolg eines Gesprächs entscheide sich erst am Verhandlungstisch. Vorbereitung ist (fast) alles und Improvisationstalent trägt nur insoweit zum Ausgang der Verhandlung bei, als es Ihnen ermöglicht, spontan und flexibel zu reagieren, wo nötig. Optimale Vorbereitung heißt:

- Definieren Sie klar Ihre Ziele. Versteifen Sie sich nicht auf ein einziges, sondern überlegen Sie sich Alternativen. Erstellen Sie einen abgestuften Zielekatalog: Was wäre für Sie das Maximalziel, was das Zweit-, Drittbeste und so weiter für Sie? Wo liegt die unterste Grenze, was wollen Sie mindestens erreichen?

  Geht es beispielsweise um eine Gehaltsverhandlung, könnte die Alternative darin bestehen, dass Sie von Ihrer finanziellen Maximalvorstellung abweichen, dafür jedoch eine Reduzierung der Arbeitszeit, mehr Urlaubstage, einen Dienstwagen oder die Aufnahme in ein Traineeprogramm aushandeln.

- Besorgen Sie sich sämtliche Informationen, die für das anstehende Gespräch von Bedeutung sind. Ordnen Sie sie in Abstimmung mit Ihren Zielen der Wichtigkeit nach. Welche Information besitzt den größten Wert, welche ist von untergeordneter Bedeutung?

  Steht Ihnen ein Vorstellungsgespräch bevor, informieren Sie sich gründlich über die Art des Unternehmens, seine Produkt- oder Dienstleistungspalette und seine innerbetriebliche Struktur. Planen Sie ein Gespräch mit einem Kunden, versuchen Sie herauszubekommen, was er konkret wünscht und erwartet. Geht es darum, einen Konflikt aus der Welt zu schaffen, klären Sie vorab, wie die Differenzen entstanden sind (weitere Tipps hierzu finden Sie im Abschnitt *Konflikte bereinigen*, S. 51).

- Überlegen Sie sorgfältig die Argumente, die Sie in der betreffenden Angelegenheit ins Feld führen wollen. Ordnen Sie sie der Wichtigkeit nach. Arbeiten Sie die *gemeinsamen* Ziele heraus, die Sie und Ihr Gesprächspartner verfolgen, und stimmen Sie Ihre Argumentation darauf ab.

- Machen Sie sich Ihre persönlichen Vorzüge klar und erstellen Sie eine Liste Ihrer Pluspunkte in der betreffenden Angelegenheit.

  Streben Sie eine Gehaltserhöhung an, führen Sie auf, worin der Wert Ihrer Arbeit genau besteht, welchen speziellen Beitrag Sie zum Wohlergehen der Firma leisten und was Sie positiv von KollegInnen, die den gleichen Job machen, abhebt. Wollen Sie ein Projekt präsentieren, heben Sie Ihren persönlichen Beitrag (Ihre Ideen, Ihr Know-how) hervor und notieren Sie, warum es für die Firma von Vorteil ist, Sie mit der Durchführung des Projekts zu betrauen.

- Finden Sie heraus, ob das Gespräch Ihre wunden Punkte berühren könnte: Wie und wodurch könnte Ihr Gesprächspartner Sie (womöglich ohne es zu wollen) verletzen? Handelt es sich um Grundsätzliches oder hängen die wunden Punkte unmittelbar mit dem Gesprächsgegenstand zusammen? Entwickeln Sie Strategien, um die Unterredung im Bedarfsfall wieder auf die sachliche Ebene zurückführen zu können. (Tipps hierzu finden Sie im Kapitel *»Du machst Diät? Sieht man gar nicht!« – Die Gedankenlosigkeit*).

- Versetzen Sie sich in die Lage Ihres Gesprächspartners: Welche Ziele verfolgt er? Welchen Standpunkt wird er einnehmen? Wie werden seine Argumente lauten? Entwickeln Sie Gegenargumente und/oder stimmen Sie Ihre Argumentationsstrategie auf die seine ab. Kennen Sie wunde Punkte Ihres Gegenübers (fühlt er sich beispielsweise schnell in seiner Eitelkeit verletzt)? Wenn ja, klammern Sie sie aus der Gesprächsführung aus.

- Vereinbaren Sie mit dem Verhandlungspartner einen Gesprächstermin. Optimale Vorbereitung bedeutet auch, dass Sie die Möglichkeit haben, sich *innerlich* auf die Unterredung einzustimmen. Warten Sie nicht, bis die/der Betreffende zufällig mal Zeit hat (wer weiß, was *Ihnen* dann gerade im Kopf herumgeht), und lassen Sie sich niemals in Ad-hoc-Unterredungen verwickeln, wenn Ihnen die betreffende Angelegenheit am Herzen liegt!

2. Mit gesundem Selbstbewusstsein auftreten

Gesundes Selbstbewusstsein bedeutet, dass Sie sowohl Ihre eigene Besonderheit als auch die Ihrer Mitmenschen anerkennen und wertschätzen (mehr dazu im Kapitel *»Mit mir nicht!«*). Da Sie Ihre Fähigkeiten realistisch beurteilen, leiden Sie weder unter mangelndem Selbstvertrauen, noch laufen Sie Gefahr, sich dramatisch zu überschätzen. Sie haben es nicht nötig, Ihren Gesprächspartner durch Prahlerei zu beeindrucken, und falls er diese »Taktik« anzuwenden versucht, wissen Sie ihn souverän auszubremsen (Tipps dazu im Abschnitt *Ich hab den gleichen Friseur wie Boris Becker!«*, S. 121).

Als souveräne Zicke überfahren Sie Ihren Gesprächspartner nicht mit einer »Hoppla, jetzt komm ich«-Strategie, sondern tragen Ihre Argumente engagiert, aber sachlich vor. Durch Ihre Körpersprache und Ihre Stimme vermitteln Sie ihrem Gegenüber, dass er es mit einer ernst zu nehmenden Verhandlungspartnerin zu tun hat.

Wenn Sie auf Nummer sicher gehen möchten, spielen Sie das Gespräch oder zumindest Ihre Einleitung vorher zu Hause durch – vor der Videokamera oder vor dem Spiegel (siehe Übung 7, S. 41).

3. Durch geschickte Fragen das Gespräch steuern

Wenn Sie Ihre Argumente und Forderungen allein in Aussageform kleiden, fühlt Ihr Verhandlungspartner sich bald unter Dauerbeschuss und blockt ab oder das Gespräch droht in pure Rechthaberei auszuarten. Kommunikation bedeutet jedoch Austausch und dieser geschieht durch Fragen und Antworten. Jene offene, gelöste Atmosphäre, die durch Fragen entsteht, machen Sie sich bei wichtigen Gesprächen zunutze.

Als Grundregel gilt: Zielen Sie mit Ihren Fragen auf *Übereinstimmung* mit dem Gesprächspartner ab, statt ein Streitgespräch zu provozieren. Setzen Sie Suggestivfragen ein, für die Ihnen drei verschiedene Techniken zur Verfügung stehen:
• *Die sanfte Überredung:* Sie stellen die Frage so, dass Ihr Gegenüber auf die von Ihnen gewünschte Weise antworten wird, und zwar mit Hilfe der Formulierung: »Sie meinen doch auch/findest du nicht auch, dass ...«

Zum Beispiel: »Finden Sie nicht auch, Frau Krause, dass wir unserer Kollegin Huber einen Blumenstrauß ins Krankenhaus schicken sollten?« Die Angesprochene wird Ihnen höchstwahrscheinlich zustimmen, schon um nicht als Geizkragen zu gelten. Würden Sie jedoch verkünden: »Ich finde, Frau Huber hat einen Blumengruß verdient!«, müssten sie unter Umständen damit rechnen, dass Frau Krause Sie in eine Auseinandersetzung verwickelt und beispielsweise argumentiert, so etwas sei in der Firma »noch nie üblich gewesen«.

- *Die sanfte Einflussnahme:* Sie stellen nicht die Sache an sich zur Diskussion, sondern geben dem Gesprächspartner Alternativen vor, zwischen denen er wählen kann.

    Ein Beispiel: Sie sollen als Marketingfrau Ihre Firma auf einer Messe vertreten und möchten außer dem Kollegen noch eine weitere Person zur Unterstützung mitnehmen. Nun könnten Sie dies natürlich genau so Ihrem Chef mitteilen, mit dem Risiko, dass er Ihnen endlose Begründungen für den erhöhten Personalaufwand abverlangt. Cleverer ist es jedoch, Ihr Ansinnen wie folgt zu formulieren: »Wie Sie wissen, brauchen wir noch jemanden zur Unterstützung. Frau Schuster oder Herr Singer käme in Frage – wer wäre Ihnen lieber?« Oder bei der Freizeitplanung mit Ihrem Partner: »Möchtest du lieber eine Radtour machen oder schwimmen gehen?« (statt »Ich würde gern mal wieder radeln« oder gar »*Nie* unternimmst du was mit mir!«).

- *Sanft das Ruder übernehmen:* Wollen Sie das Gespräch in eine bestimmte Richtung lenken, etwa um mehr über Ihr Gegenüber zu erfahren oder um sich nicht in Details zu verlieren, schicken Sie Ihrer Frage eine Unterstellung voraus, die Sie als gegebene Tatsache formulieren. Im Allgemeinen wird der Gesprächspartner auf die Frage »anspringen« und Ihre Behauptung unwidersprochen lassen.

Zum Beispiel: Statt Ihrem Vorgesetzten zu erklären, dass Sie ein interessantes Angebot von einer anderen Abteilung haben und überlegen, ob Sie es annehmen sollen, sagen Sie selbstbewusst: »Sie schätzen meine Arbeit. Wie viel ist es Ihnen wert, dass ich weiterhin in Ihrer Abteilung bleibe?« Oder wenn das Gespräch der Bereinigung eines Konflikts gilt: »Man schätzt dich als einsichtigen, kompromissfähigen Menschen. Was schlägst du in diesem Fall vor?«

Sie können auch negative Unterstellungen benutzen, beispielsweise um sich nicht mit Erörterungen und Rechtfertigungen aufhalten zu müssen, sondern auf den Punkt zu kommen. Etwa gegenüber einem Kunden mit schlechter Zahlungsmoral: »Die Zusammenarbeit mit Ihrer Firma hat sich in der Vergangenheit schwierig gestaltet. Was unternehmen Sie dagegen?« Damit lenken Sie das Gespräch in die von Ihnen gewünschte Richtung: Der Gesprächspartner wird Maßnahmen aufzählen und Zusicherungen machen, auf die Sie ihn festnageln können, statt Ihnen mit Dementis, Begründungen oder Erklärungen die Zeit zu stehlen.

Sind Sie selbst mit negativen Unterstellungen konfrontiert, wenden Sie die gegenteilige Strategie an, das heißt, gehen Sie nicht auf die Frage ein, sondern bestreiten Sie die Richtigkeit der Aussage: »Stimmt nicht!« oder: »Keineswegs!« oder: »Sie irren sich« oder: »Da sind Sie falsch informiert.«

4. Auf Tuchfühlung mit dem Gesprächspartner bleiben

Versuchen Sie niemals, Ihren Gesprächspartner zu ignorieren, sondern bleiben Sie »dran« an ihm und bemühen Sie sich, seine Position zu verstehen.

Zweifelsohne ist Ihre Argumentation hieb- und stichfest, denn Sie haben sich ja gründlich vorbereitet. Doch niemand ist allwissend und so hat Ihr Gesprächspartner vielleicht durchaus berechtigte Einwände oder hörenswerte Vorschläge anzubieten. Selbst wenn er definitiv schief liegt, von falschen Voraussetzungen ausgeht oder unzureichend informiert ist, sollten Sie sich nicht darauf versteifen, ihm beweisen zu wollen, dass er Unrecht hat. Dadurch würden Sie nur eine Verhärtung der Fronten bewirken, statt eine konstruktive Lösung herbeizuführen.

Planen Sie beispielsweise mit Ihrem Partner den nächsten Urlaub, werden Sie zu keiner Einigung gelangen, wenn Sie versuchen, ihn »niederzuquasseln«, ganz gleich, wie gut Ihre Argumente und wie verführerisch die Reiseprospekte sind, die Sie besorgt haben. Wenn er nun mal nicht nach Teneriffa *will*, hat er seine Gründe dafür. Die sollten Sie sich anhören, wenn Sie Ihren Urlaub mit ihm gemeinsam verbringen möchten.

Vermeiden Sie das Wörtchen »aber«, denn es vermittelt dem Gesprächspartner, dass Sie seine Argumente ablehnen. Haben Sie Einwände, formulieren Sie sie positiv. Zum Beispiel: Als Gruppenleiterin halten Sie eine Teambesprechung ab und einer Ihrer Mitarbeiter schlägt vor, eine zusätzliche Kraft einzustellen, weil die Arbeit sonst nicht vernünftig zu bewerkstelligen sei. Dann ist die Formulierung »Vielen Dank, das ist eine gute Idee – ich werde sie gleich mit dem Abteilungsleiter besprechen« viel besser, als wenn Sie sagten: »An sich ist Ihr Vorschlag nicht schlecht, aber ich glaube kaum, dass der Abteilungsleiter zustimmen wird.«

5. Bleiben Sie sachlich

Ganz gleich, ob das Gespräch im beruflichen oder im privaten Umfeld stattfindet – Sachlichkeit ist Trumpf.

Jeder Mensch hat berechtigte Gründe, so oder so zu argumentieren. Oft sind diese Gründe leicht zu erkennen, etwa wenn der Chef Ihnen im Oktober keinen Urlaub bewilligen möchte, weil zu dieser Zeit besonders viel Arbeit anfällt. Manchmal sind wir jedoch auch ziemlich ratlos, beispielsweise wenn unser Gegenüber sich an Problemen aufhängt, die unserer Einschätzung nach gar nicht existieren oder zumindest keineswegs »unüberwindlich« sind. In diesen Fällen handelt es sich häufig um tiefer liegende, dem Gesprächspartner womöglich selbst nicht bewusste Gründe wie Ängste, Minderwertigkeitskomplexe oder auch Hoffnungen und Wünsche. Hier ist die Gefahr am größten, dass Ihr Gegenüber unsachlich reagiert. Sei es, dass er einen Treffer unter die Gürtellinie zu platzieren versucht, zum Beispiel durch ungerechtfertigte (Pauschal-)Kritik, sei es, dass er einen Streit vom Zaun bricht oder beleidigt »die Brocken hinschmeißt« (manche Frauen greifen in derartigen Situationen auch gern zum Tränenausbruch).

Grundsätzlich gilt: Lassen Sie sich nicht in die Emotionen Ihres Gesprächspartners verwickeln. Wer unsachlich wird, ist aus irgendeinem Grund »ins Schwimmen geraten« – doch das ist *sein* beziehungsweise *ihr* Problem und muss es auch bleiben. Als Strategie, um auf die sachliche Ebene zurückzukehren, stehen Ihnen sämtliche Möglichkeiten zur Verfügung, die Sie im Kapitel *Sie haben die Wahl – Die sieben Möglichkeiten, souverän Kontra zu geben* beschrieben finden.

Wenn Sie merken, dass Ihre eigene Souveränität ins Wanken gerät, weil die Wut in Ihnen hochkocht oder weil Sie sich so tief getroffen fühlen, dass Ihnen »die Spucke wegbleibt«, nehmen Sie sich eine kurze Auszeit – unterbrechen Sie das Gespräch für einige Minuten und verlassen Sie den Raum, um sich wieder zu sammeln. Falls Sie merken, dass die Unterredung in einen Streit auszuarten droht, brechen Sie sie sofort ab und vertagen Sie sie auf einen neuen Termin. Das ist zwar zeitaufwendiger, aber allemal besser, als gleich Porzellan zu zerschlagen, das hinterher nicht mehr gekittet werden kann.

6. Streben Sie ein Win-Win-Ergebnis an

Gerade bei wichtigen Gesprächen sollten Sie ein Win-Win-Ergebnis anstreben, das heißt: Beide Seiten sollen mit dem Ausgang der Unterredung, mit dem Ergebnis der Verhandlung zufrieden sein. Keine der Parteien sollte das Gefühl haben, dass die eine am Ende als »strahlender Sieger«, die andere hingegen als »gebeutelter Verlierer« dasteht. Das bedeutet nicht, dass Sie sich mit faulen Kompromissen zufrieden geben sollten, sondern dass Sie offen sind für Alternativen und nicht darauf beharren, um jeden Preis Ihre eigene Position durchzusetzen.

Planen Sie beispielsweise einen Umzug und Sie möchten der Kinder wegen aufs Land übersiedeln, Ihr Partner jedoch in der Stadt wohnen bleiben, sind das unvereinbare Positionen. Setzte einer von Ihnen beiden sich durch, hätte der andere den Eindruck, dem Partner zuliebe einen (zu) hohen Preis entrichtet zu haben – und das zieht langfristige Konflikte nach sich. Ein beide Seiten zufrieden stellender Kompromiss könnte hingegen darin bestehen, ein Häuschen am Stadtrand zu suchen, das nicht allzu weit von Kinos, Kneipen und Freunden entfernt liegt und einen Garten hat, in dem die Kinder spielen können.

7. Behalten Sie Ihre langfristigen Interessen im Auge

Lassen Sie sich nicht von Augenblicksinteressen hinreißen, wie etwa dem Wunsch, es dem Gegenüber »jetzt mal richtig zu zeigen«. Auch wenn Ihr Gesprächspartner Sie noch so sehr nervt – denken Sie daran, dass Sie sich bestimmte Ziele gesteckt haben, die Sie erreichen wollen. Verspielen Sie sie nicht, indem Sie der Versuchung nachgeben, kurzfristig über den »Gegner« zu triumphieren und ihm etwa zu beweisen, wie sehr er irrt, oder ihn lächerlich zu machen. Ziehen Sie klug und gekonnt Ihre Trümpfe, aber widerstehen Sie dem Impuls, sich auf Kosten anderer, vor allem aber auf Kosten Ihrer eigenen Interessen aufzuspielen.

So ist zwar der Drang durchaus verständlich, dem knauserigen Chef bei der Gehaltsverhandlung vor den Latz zu knallen, Sie hätten »ein hervorragendes Angebot von einer anderen Firma«, doch ist die Preisgabe einer solchen Information nur dann angebracht, wenn Sie tatsächlich bereit sind, gegebenenfalls den Job zu wechseln. Wollen Sie aber in Ihrer jetzigen Firma bleiben, etwa weil sie Ihnen weit bessere Aufstiegschancen bietet, sollten Sie sich um Ihres langfristigen Ziels, der Karriere, willen lieber zurückhalten und einen Kompromiss aushandeln, der Sie beide zufrieden stellt.

Auf einen Blick: Die sieben goldenen Regeln der effizienten Gesprächsführung

1. Bereiten Sie sich gründlich vor. Je wichtiger das Gespräch ist und je mehr für Sie auf dem Spiel steht, desto umfassender sollte die Vorbereitung sein.
2. Treten Sie selbstbewusst auf. Schätzen Sie Ihre Fähigkeiten und Möglichkeiten realistisch ein und setzen Sie sich nicht

über Gebühr (und womöglich auf Kosten des Gesprächs-partners) in Szene.

3. Lenken Sie das Gespräch durch Fragen in die von Ihnen ge-wünschte Richtung, statt Ihr Gegenüber mit Argumenten zu bombardieren.

4. Bleiben Sie auf Tuchfühlung mit dem Gesprächspartner; versuchen Sie seinen Standpunkt und seine Argumente zu verstehen, statt sie zu ignorieren. Vermeiden Sie das Wört-chen »aber«.

5. Bleiben Sie sachlich und sorgen Sie (soweit es in Ihrer Macht liegt) dafür, dass auch Ihr Gesprächspartner sach-lich bleibt.

6. Streben Sie, bereits bei der Gesprächsvorbereitung, ein Win-Win-Ergebnis an: Beide Seiten sollen mit dem Ver-handlungsergebnis zufrieden sein.

7. Behalten Sie Ihre langfristigen Ziele im Hinterkopf und set-zen Sie sie nicht aufs Spiel, indem Sie Augenblicksinteres-sen verfolgen.

Smalltalk – Die Kunst, geistreich nett zu sein

Sie kennen das: Man hat Sie zu einer Party eingeladen und die meisten Gäste sind Ihnen vollkommen fremd. Eine nicht sehr behagliche, für manche sogar regelrecht Furcht erregende Situation. Was tun? Die gute amerikanische Sitte, dass der Gastgeber die Gäste einander vorstellt, hat sich hierzulande nicht so recht durchzusetzen vermocht – man vertraut darauf, dass die Anwesenden von selbst aufeinander zugehen und »sich ins Gespräch mischen«. Doch worüber soll frau sich mit wildfremden Menschen unterhalten?

Oder: Sie stehen in intensiven Verhandlungen mit Geschäftspartnern, und solange es um klar umrissene Businessinhalte geht, funktioniert die Kommunikation einwandfrei. Doch wie soll frau die peinlichen Verhandlungspausen überbrücken, in denen man – mit oder ohne Zigarette – vor dem Konferenzraum herumsteht und nicht weiß, worüber reden?

Smalltalk, oft geschmäht und dennoch unumgänglich, ist eine Kunst, die zu erlernen sich lohnt. Denn Smalltalk, zu Deutsch Plauderei, eröffnet Ihnen nicht nur die Möglichkeit, sich gut zu amüsieren, sondern auch die Chance, neue und interessante Kontakte zu knüpfen.

Die Fähigkeit, geistreich zu plaudern, ist ebenso wenig angeboren wie Schlagfertigkeit. Und sie lässt sich genauso gut trainieren. Sie brauchen nur den Mut, es auszuprobieren – statt sich auf der Party den ganzen Abend lang an Ihren Begleiter zu klammern. Smalltalk bietet Ihnen eine hervorragende Gelegenheit, verbal zu glänzen. Hier können Sie Ihren Witz und Ihren Charme versprühen, mit Worten jonglieren und Ihre universale Halbbildung ins Spiel bringen (beispielsweise

Ihren gesammelten Zitatenschatz – siehe Übung 3, S. 132). Nutzen Sie die geistreiche Plauderei, um sich einen ersten Überblick über die Anwesenden zu verschaffen (etwa auf einer Party), um neue Kontakte zu knüpfen (beim Netzwerken) oder um einen Abend angenehm herumzubringen (beispielsweise ein Geschäftsessen).

Nachfolgend möchte ich Ihnen Smalltalk-Regeln vorstellen, die ebenso einleuchtend wie einfach sind: Es gibt klare Strategien und Verhaltensweisen für den entspannten Smalltalk und ebenso klare Anweisungen, was Sie vermeiden sollten. Am Ende des Kapitels finden Sie wieder einige Übungen, mit deren Hilfe Sie das geistreiche Geplauder zu einer Ihrer Lieblingsdisziplinen machen werden.

Wie Smalltalk garantiert funktioniert

1. Gehen Sie auf Menschen zu. Als souveräne Zicke sind Sie kein schüchternes Mauerblümchen, das in irgendeiner Ecke abwartet, bis jemand auf Sie aufmerksam wird. Suchen Sie sich ein Gesicht, das Ihnen sympathisch erscheint, und sprechen Sie die oder den Betreffende/n an.
2. Wenn die oder der Angesprochene Ihren Namen noch nicht kennt, stellen Sie sich vor. Tragen Sie einen komplizierten Namen, den man sich schlecht merken kann, denken Sie sich einen einprägsamen Zusatz aus: »Ich heiße Barbara Bondowski – wie James Bond und Ski fahren.« Falls Ihr Gesprächspartner sich nicht selbst vorstellt, fragen Sie ihn nach seinem Namen.

   Stellen Sie sich auch dann vor, wenn Sie, etwa auf einer Konferenz, ohnehin ein Namensschild tragen. Denn der Klang Ihres Namens transportiert Ihre Persönlichkeit; außerdem ersparen Sie dem Angesprochenen die Schielerei auf das Kärtchen und lassen ihn wissen, wie Ihr Name ausgesprochen wird.

3. Erzählen Sie, woher Sie die Gastgeberin oder den Gastgeber kennen, warum Sie auf der Tagung sind oder in welcher Funktion Sie die Verhandlungen begleiten, und stellen Sie Ihrem Gesprächspartner die entsprechenden Gegenfragen.

4. Damit ist der erste Kontakt hergestellt und Sie können nun zu anderen Themen überleiten, falls Sie das Gespräch fortsetzen möchten. Denken Sie jedoch daran, unverfängliche Themen zu wählen: Hobbys, den letzten Urlaub, witzige Begebenheiten (»Stellen Sie sich vor, was mir heute Morgen beim Frühstück im Hotel passiert ist ...«), aktuellen Klatsch der Boulevardpresse, belanglosen Businesstratsch und so weiter. Achten Sie auch darauf, Ihre Themen dem jeweiligen Umfeld anzupassen: So entzückend Ihre Sprösslinge sein mögen, in einer Runde eingefleischter Junggesellen werden Ihre Kinderfotos auf wenig Interesse stoßen, während Berichte über Ihre beruflichen Erfolge auf einer Beerdigung schlicht deplatziert sind.

5. Fragen sind beim Smalltalk das A und O. Betrachten Sie die Plauderei als ein Spiel, beim dem der Ball hin- und hergeht, und stellen Sie Ihrem Gesprächspartner Fragen: Welche Hobbys hat er? Wo hat er seinen letzten Urlaub verbracht? Treibt er Sport? Welchen? Wie sieht sein Privatleben aus – ist er verheiratet, hat er Kinder, lebt er allein? (Natürlich sollten Sie ihn weder »löchern« noch in seine Intimsphäre eindringen.) Versuchen Sie, an Ihrem Gegenüber etwas zu entdecken, das Sie interessiert, und lenken Sie das Gespräch durch Fragen auf jene Themen, zu denen sie oder er vermutlich Spannendes oder auch Amüsantes beizutragen hat.

Auf diese Weise halten Sie nicht nur die Unterhaltung am Laufen, sondern erfahren auch etwas über Ihren Gesprächspartner. Spielt sich die Plauderei in beruflichem Rahmen ab, können Sie die gewonnenen Informationen eventuell bei der weiteren Zusammenarbeit nutzen. (Erfahren Sie beispielsweise beim Geschäftsessen, dass der wichtige Kunde gern Golf spielt, können Sie ihn bei seinem nächsten Besuch positiv überraschen, indem Sie ihn einem Golfhotel unterbringen.)

Sie sollten jedoch nicht krampfhaft versuchen, Gemeinsamkeiten aufzuspüren oder dem Gesprächspartner »wichtige Informationen« zu entlocken. Akzeptieren Sie, dass bei einer unverbindlichen Plauderei nicht unbedingt ein greifbares Ergebnis herauskommen muss.

6. Zeigen Sie sich selbstbewusst. Wenn eine Stewardess sich selbst im Familienkreis ironisch als »Saftschubse« bezeichnet, ist das witzig, nicht aber, wenn sie es mit einem Vorstandsmitglied ihrer Fluggesellschaft zu tun hat. Ihm gegenüber sollte sie sich natürlich als »Flugbegleiterin« vorstellen, denn so lautet ihre korrekte Berufsbezeichnung.

Zwar gehört die berufliche Position zu den wichtigsten Statusmerkmalen unserer hierarchisch (und patriarchal) strukturierten Gesellschaft, doch ist das kein Grund, sich klein zu machen und als »nur« irgendwas zu bezeichnen. Sie sind keineswegs »*nur* Vorstandsassistentin«, sondern in erster Linie ein *Mensch* – und genauso einzigartig wie der Chef einer großen Firma. Diese Binsenweisheit dürfen und sollen Sie immer und überall, nicht nur beim Smalltalk, beherzigen.

7. Streuen Sie Komplimente in die Unterhaltung ein. Beglückwünschen Sie Ihren Gesprächspartner zu einer gelungenen Formulierung, loben Sie ihr oder sein Outfit, bewundern Sie irgendetwas an ihr oder ihm. Smalltalk heißt nett sein und das setzt voraus, dass Sie sich ernsthaft bemühen, an Ihrem Gegenüber Positives zu entdecken.

8. Tauschen Sie Visitenkarten aus (die Sie natürlich immer bei sich tragen sollten). Urteilen Sie nicht vorschnell über Ihr Gegenüber (»Die interessiert mich nicht«), sondern stecken Sie die Visitenkarte ein, wenn Sie Ihnen überreicht wird. Im Zeitalter des Netzwerkens kann frau nie wissen, wozu der eine oder andere Kontakt gut sein mag. Schon möglich, dass die Internistin, die so begeistert von ihrem Beruf schwärmt, Sie jetzt nicht interessiert, weil Sie sich bester Gesundheit erfreuen – doch wenn Sie drei Monate später merkwürdige Bauchschmerzen bekommen, werden Sie dankbar die Karte der Ärztin aus der Tasche ziehen.

Noch ein Tipp: Networking funktioniert nur, wenn Sie die gesammelten Adressen effizient »verwalten«, das heißt: Notieren Sie auf der Visitenkarte, um wen es sich handelt und bei welcher Gelegenheit Sie die oder den Betreffenden kennen gelernt haben. Bewahren Sie die Karten in einem Ordner oder Kästchen auf, statt sie irgendwo rumliegen zu lassen, und sichten Sie sie von Zeit zu Zeit: Vielleicht finden Sie eine Adresse, die Ihnen jetzt gerade gelegen kommt, oder Ihnen fällt auf, dass Sie sich bei jemandem wieder mal melden sollten. Denken Sie daran: Kontakte müssen gepflegt werden, um bestehen zu bleiben, und als souveräne Zicke sollten Sie das Potential nutzen, das eine umfangreiche Adressensammlung bietet.

9. Ein abschließender Tipp: Die interessantesten Gespräche ergeben sich oft unter Rauchern, wenn allgemeines Rauchverbot herrscht und die Tabakfans gezwungen sind, sich auf den Balkon oder vor die Tür zu begeben. Die »Verbannten« sind meist lockerer drauf, da das gemeinsame Laster verbindet und eine gewisse Komplizenschaft bewirkt. Daher lohnt ein Ausflug zu ihnen eigentlich immer, auch wenn Sie selbst nicht rauchen (vorausgesetzt, Sie sind keine militante Gegnerin des blauen Dunstes).

Welche Fallen Sie umgehen sollten

1. Fallen Sie nicht mit der Tür ins Haus. Viele Menschen fühlen sich von inquisitorisch wirkenden Fragen wie »Wer sind Sie, was machen Sie, wo wohnen Sie?« überfordert. Denn wer kann schon von sich behaupten: »Ich bin Dr. Dr. XY, leite eine Klinik und wohne im Nobelviertel« oder »Ich habe meinen Traumjob und gehöre zur gehobenen Einkommensschicht«? Beginnen Sie lieber mit einem Kompliment und schließen Sie Ihre Frage in höflicher Form an: »Sie haben eine sehr sympathische Ausstrahlung – darf ich fragen, wer Sie sind?«

2. Vermeiden Sie langweilige Themen: Das Wetter ist nicht nur ein echter Gähner, sondern führt vor allem als Gesprächsstoff nicht weit. Die begabten Kinder Ihrer Cousine interessieren – außerhalb des Familienkreises – niemanden, und die fachlichen Probleme, mit denen Sie sich in Ihrem Job herumschlagen, mögen zwar für Sie höchst spannend sein, für andere sind sie es jedoch absolut nicht. (Sie möchten schließlich auch nicht von einem fanatischen Linguisten mit den »Problemen der Semiologie bei de Saussure« behelligt werden ...)

3. Vermeiden Sie heikle Themen. Denken Sie daran: Smalltalk bedeutet nicht nur, Ihren Esprit zu versprühen, sondern auch die Kunst, nett zu sein. Sobald Sie jedoch als engagierte Streiterin für eine Sache auftreten, sind Sie nicht mehr nett, sondern womöglich sogar bedrohlich. Das heißt nicht, dass Sie sich »verbiegen« und anderen nach dem Mund reden sollten, sondern einfach, dass Sie die Grenzen des Smalltalks berücksichtigen. Merken Sie, dass Sie sich in gefährliches Fahrwasser begeben, weil Ihr Gesprächspartner eine konträre Meinung vertritt, lenken Sie die Unterhaltung – am besten durch Fragen – in eine andere Rich-

tung. Tendenziell heikle Themen sind Politik, Feminismus, Umweltschutz, Ernährungsfragen (»Wer Fleisch isst, ist ein Mörder«), Religion oder Esoterik.

4. Prahlen Sie nicht. Bluffen ist okay (muss ja nicht jeder wissen, dass Smetanas Opern Ihnen böhmische Dörfer sind), aber wenn Sie sich als Expertin auf einem Gebiet ausgeben, von dem Sie in Wirklichkeit keinen blassen Schimmer haben, kann es nur peinlich ausgehen.

Natürlich möchte sich jeder gern im besten Licht zeigen, besonders wenn es um neue Bekanntschaften geht. Doch der Versuch, Ihren Gesprächspartner mit der »tollen Wohnung, ein echtes Schnäppchen!« zu beeindrucken oder ihm mit dem Hinweis auf Ihre »fette Provision für den Megadeal« Bewunderung abzunötigen, geht oft nach hinten los. Frauen sind von derlei Prahlereien meist peinlich berührt (und wenden sich schnellstmöglich ab), während Männer sich zumeist zum Wettstreit aufgefordert fühlen und nun ihrerseits zum Loblied ihrer überragenden Leistungen und Errungenschaften ansetzen (was eine Unterhaltung genauso unmöglich macht).

5. Widerstehen Sie der Versuchung, über andere zu lästern. Mag sein, dass Sie den Gastgeber als Sparsamkeitsfanatiker kennen, doch sollten Sie sich die Bemerkung »Der Wein schmeckt nach Discountmarkt« einem Fremden gegenüber verkneifen – schließlich könnte er sich als bester Freund des Hausherrn entpuppen. Außerdem gilt: Wer andere hässlich macht, trägt selbst Hässlichkeit in sich – und wirkt unsympathisch.

6. Ebenfalls zurückhalten sollten Sie sich mit Kritik an Ihrem Gesprächspartner. Wenn Sie sich eine Bemerkung über seine schreiend bunte Krawatte nicht verkneifen können, verpacken Sie sie in Ironie: »Ich bewundere Ihren Mut zur Farbe!« Entpuppt sich Ihr Gegenüber als hingebungsvoller

Selbstdarsteller, mit dem Sie einen ganzen Abend verbringen müssen, weil er Ihnen als Tischherr zugeordnet ist, betrachten Sie ihn als »exotisches Tier«, das aus nächster Nähe zu studieren Sie Gelegenheit haben. Machen Sie sich den Spaß, an ihm Ihre Menschenkenntnis zu erproben (siehe Übung 1, S. 71) – was können Sie beispielsweise aus dem wasserfallartigen Geplapper über sein Business schließen? Ist das Diner beendet, suchen Sie das Weite, will sagen, einen netten Gesprächspartner. Auf diese Weise sorgen Sie dafür, dass Ihnen der Abend doch noch in angenehmer Erinnerung bleibt.

7. Lassen Sie Ihren Gesprächspartner jedoch nicht einfach stehen, wenn Sie auf eine weitere Unterhaltung keine Lust haben. Verwenden Sie wenigstens eine höfliche Ausrede, etwa »Ich hol mir mal was zu trinken« oder »Meine Freundin ist gerade eingetroffen, bitte entschuldigen Sie mich« oder »Sorry, mir fällt gerade ein, dass ich noch ein Telefonat führen muss«. Wenn Sie Ihrem Gegenüber auf nette Weise signalisieren wollen, dass Sie das Gepräch für den Moment als beendet betrachten, ihn jedoch nicht schnöde abservieren möchten, können Sie eine unverbindliche Floskel wie »Wir sehen uns später noch« dranhängen.

8. Nehmen Sie Maulfaulheit nicht persönlich. Es gibt Menschen, die selbst dem sprühendsten Charme nicht erliegen – sei's, weil sie unheilbar schüchtern sind, oder sei's, weil sie momentan aus irgendeinem Grund abgelenkt sind (zum Beispiel durch berufliche oder private Probleme). Vielleicht ist Ihr Gegenüber auch einfach arrogant oder findet Sie unsympathisch. Doch all das ist *sein* beziehungsweise *ihr* Problem. Überlassen Sie es der oder dem Betreffenden, damit fertig zu werden, und wenden Sie sich anderen, lohnenderen Subjekten zu.

9. In eine Gruppe aufgenommen zu werden ist eher schwie-

rig. Wenn auf einer Party fünf Bekannte aufeinander treffen, die sich lange nicht gesehen haben, werden sie erst mal damit beschäftigt sein, Neuigkeiten auszutauschen, und wenig Interesse an einer fremden Person – Ihnen – bekunden. Ähnliches gilt, wenn sich Gleichgesinnte zur Fachsimpelei über ein Thema zusammengefunden haben, von dem Sie keine Ahnung haben. Sprechen Sie deshalb lieber Einzelpersonen oder Zweier-, maximal Dreiergruppen an.

10. Setzen Sie sich nicht selbst unter Druck. Sie müssen nicht *alle* Anwesenden kennen lernen – wenn sich mit zwei oder drei Personen ein fesselndes Gespräch ergibt, zwingt Sie niemand, sich davon loszureißen. Umgekehrt müssen Sie nicht den ganzen Abend an der Seite Ihres Tischnachbarn ausharren – ist die Mahlzeit beendet, löst sich die Tischordnung meist auf und Sie können ansprechen, wen Sie wollen und wer Ihnen interessant erscheint.

Versuchen Sie auch nicht krampfhaft, an eine bestimmte Person »ranzukommen«. Wenn Sie es schaffen, sich ihr oder ihm vorzustellen (siehe die Punkte 1 bis 3 unter *Wie Smalltalk garantiert funktioniert*, S. 147), ist es gut – für diesen Fall sollten Sie sich vorab überlegen, was Sie ihr oder ihm sagen wollen (beispielsweise, dass Sie an Aufträgen ihrer/seiner Firma interessiert sind und warum eine Geschäftsbeziehung von beiderseitigem Vorteil wäre). Bekommen Sie jedoch keine Gelegenheit zum Gespräch, weil die oder der Betreffende ständig von anderen Leuten umlagert ist, dann grämen Sie sich nicht. Von Smalltalkanlässen irgendwelche weit reichenden Konsequenzen zu erwarten (»Diese Party wird mein Leben verändern!«) wäre eindeutig zu viel verlangt.

Dass es kommt, wie's kommen soll, wenn Sie sich dem Fluss der Ereignisse überlassen und Ihrem Gefühl folgen, mag Ihnen folgende Geschichte zeigen, die das Leben schrieb – meins nämlich: Vor zehn Jahren war ich auf eine Party eingeladen, die sich für mich als recht langweilig entpuppte, weil ich außer dem Gastgeber niemanden kannte und die anderen Gäste es vorzogen, unter sich zu bleiben. Nachdem ich einige Zeit herumgestanden war und – ziemlich erfolglos – versucht hatte, mit irgendjemandem ins Gespräch zu kommen, beschloss ich zu gehen. In einer Kneipe um die Ecke saß mein Nachbar Willie, der mich im Auto mit in die Stadt genommen und mir angeboten hatte, dass ich auch wieder mit ihm zurückfahren könne. Als ich das Lokal betrat, war die Stimmung bestens, man feierte den Geburtstag eines Freundes von Willie, eines gewissen Nikolai, und Willie hatte nicht die geringste Lust zu gehen. Also setzte ich mich dazu, neben das Geburtstagskind. Und wie das Schicksal so spielt – seit jenem Abend sind Nikolai und ich ein glückliches Paar ...

Wie Sie natürlich und unverkrampft rüberkommen

Locker plaudern können Sie nur, wenn Sie sich wohl fühlen. Und Wohlgefühl beginnt beim Äußeren. Ziehen Sie sich also dem Anlass entsprechend an – wenn Sie nicht so genau wissen, welche Garderobe angemessen ist, erkundigen Sie sich vorher beim Gastgeber oder anderen Geladenen. Ist Ihnen an seriösem Auftreten gelegen, geizen Sie lieber ein wenig mit Ihren Reizen – es ist schwierig, ein interessantes Gespräch mit einem Mann zu führen, der Ihren Ausschnitt weit fesselnder findet als Ihre Worte ...

Seien Sie Sie selbst und versuchen Sie nicht, irgendwelche Verhaltensweisen an den Tag zu legen, die Ihrer Persönlichkeit nicht entsprechen. Beim Smalltalk auf andere zuzugehen bedeutet beispielsweise keineswegs, dass Sie betont extrovertiert auftreten müssten, wenn Sie sonst eher zu Zurückhaltung neigen. Geben Sie sich einfach so, wie Sie sind.

Denken Sie daran, dass es beim Smalltalk »um nichts geht«. Unverkrampft und natürlich können Sie nur sein, wenn Sie keinerlei Absicht verfolgen – außer der, neue Leute kennen zu lernen und ein paar angenehme Stunden zu verbringen. Setzen Sie sich positiv in Szene, zeigen Sie sich von Ihrer Schokoladenseite, aber machen Sie sich nicht den Stress, etwas Besonderes erreichen zu wollen. Tun Sie das Ihre, um Kontakte zu knüpfen, und lassen Sie alles Übrige in aller Ruhe auf sich zukommen.

Übungen

1. Üben Sie Smalltalk in allen Lebenslagen. Sprechen Sie in der U-Bahn jemanden an, der Ihnen sympathisch erscheint (Aufhänger könnte beispielsweise seine Buch- oder Zeitungslektüre sein), unterhalten Sie sich mit Ihrem Tankwart (»Wie schaffen Sie es, wach zu bleiben, wenn Sie nachts allein im Laden sind?«) oder beginnen Sie ein Gespräch mit einer kürzlich zugezogenen Nachbarin (»Gefällt's Ihnen hier in der Gegend?«). Auf diese Weise üben Sie, auf andere Menschen zuzugehen, und die Aussicht auf »Smalltalk im Ernstfall« wird Sie in Zukunft mit reiner Vorfreude erfüllen.

2. Legen Sie sich ein Repertoire an unverfänglichen Gesprächsstoffen zu: Sammeln Sie witzige Begebenheiten aus Ihrem Leben oder ulkige Anekdoten, die Sie von anderen gehört haben; achten Sie auf »abgefahrene« Themen in den Medien oder erfinden Sie selber welche (War Goethe schwul? Ist Angela Merkel in Wirklichkeit ein Mann?).

3. Probieren Sie witzige Anmachen aus, um ein Gespräch mal auf eine andere Art zu beginnen. Sehr gut funktioniert beispielsweise immer noch die gute alte Taschentuch-Masche, um die Aufmerksamkeit eines attraktiven männlichen Wesens zu gewinnen: Lassen Sie irgendwas fallen, am besten direkt vor seine Füße, etwa Ihren Schlüsselbund, Ihren Kugelschreiber oder Ihre Zigarettenschachtel – er wird das Ding aufheben und schon haben Sie einen Aufhänger für ein Gespräch. Oder Sie probieren es mit der Umkehrung des »Sind wir uns nicht schon mal irgendwo begegnet?«-Spruchs, nämlich mit: »Ich bin mir sicher, dass wir uns noch nie zuvor gesehen haben – wo kann das gewesen sein?« Oder die Tour mit der fiktiven Diplomarbeit: »Hallo, mein Name ist ... ich schreibe gerade an meiner Diplomarbeit zum Thema ... – was können Sie mir dazu sagen?« Wählen Sie irgendein absurdes, aber zur Situation passendes Thema, zum Beispiel »Das Paarungsverhalten von Mittdreißigern auf Partys«. Oder die seriöse Anmache: »Ihren Vortrag fand ich sehr interessant und hervorragend präsentiert. Sind Sie im Privatleben auch so gut strukturiert?«

Setzen Sie Ihr kreatives Potential ein, um weitere, für Sie maßgeschneiderte Anmachen zu erfinden.

Sie sind eine schlagfertige souveräne Zicke – herzlichen Glückwunsch!

Klopfen Sie sich erst mal kräftig auf die Schulter: Sie haben Ihr Ziel erreicht und sich zu einer schlagfertigen souveränen Zicke gemausert – das verdient ein dickes Lob!

In den letzten Wochen haben Sie sich mit diesem Buch beschäftigt, haben die Übungen gemacht und in Ihrem Alltag angewandt. Sie wissen jetzt, dass auch Sie schlagfertig sind, weil Sie Ihren ureigenen Witz und sprachlichen Erfindungsreichtum »wachgekitzelt« und tatkräftig dafür gesorgt haben, dass Ihnen diese Fähigkeiten zur Verfügung stehen, wann immer Sie sie brauchen. Sie haben Ihre Einzigartigkeit entdeckt, Sie haben gelernt, sich selbst Respekt entgegenzubringen, und Sie haben Ihr Selbstbewusstsein gestärkt, so dass es Ihnen nun ein Leichtes ist, sich gegen ungerechtfertigte oder in unangebrachtem Ton vorgebrachte Kritik zur Wehr zu setzen. Sie haben Konfliktbereitschaft entwickelt und können nicht nur mit Streitigkeiten umgehen, sondern auch entschieden und selbstsicher für Ihre eigenen Meinungen und Ziele eintreten.

Kurzum: Sie haben eine Menge getan, um Ihr Leben leichter, angenehmer und erfolgreicher zu gestalten. Vielleicht haben Sie als souveräne Zicke berufliche Triumphe errungen, weil Sie sich jetzt so selbstsicher präsentieren. Oder Sie haben sich durch Ihre neue Entschiedenheit bei Ihrem Partner Respekt verschafft und Ihre Beziehung auf eine solidere, gleichberechtigte Basis gestellt. Ganz zu schweigen von all jenen Mitmenschen, denen der Mund offen stehen blieb, weil Sie eine Unverschämtheit, einen dummen Spruch oder eine Zudringlichkeit mit einem elegant formulierten verbalen Pfeil konterten, der zielsicher ins Schwarze traf ... Sicherlich werden Sie mir jetzt aus vollem Herzen zustimmen, dass eine schlagfertige souveräne Zicke eine Menge Vorteile hat im Leben!

Und wenn Ihnen trotz alledem mal keine spontane Erwiderung einfallen sollte, schenken Sie sich ein inneres Lächeln und vergessen Sie die unerfreuliche Episode so schnell wie möglich. Niemand ist *immer* in der Lage, einen schlagfertigen Spruch vom Stapel zu lassen. Vor allem dann nicht, wenn Ihnen der Angreifer völlig unvermittelt an den Karren fährt und Sie in einer Situation aggressiv überfällt, in der Sie mit so etwas ganz und gar nicht gerechnet hatten. Nehmen Sie es, wie's ist, und lassen Sie sich deswegen keine grauen Haare wachsen. »Eine verlorene Schlacht ist kein verlorener Krieg«, sagte schon Napoleon – oder war's Louis Michel de Valloncourt ... oder sonst irgendwer?

Lassen Sie sich auf ein spannendes Abenteuer ein, und entdecken Sie die souveräne Zicke in sich! Werden Sie zu einer tritt- und selbstsicheren Frau, die ihren eigenen Weg geht und eigene Vorstellungen verwirklicht! Denn als bekennende Anhängerin des Zicken-Prinzips haben Sie es überhaupt nicht mehr nötig, nur um des »lieben Friedens« willen Kompromisse einzugehen oder sich von anderen dreinreden zu lassen. Zeigen Sie sich nach außen hin so selbstbewußt und strahlend, wie Sie sich innerlich schon immer gefühlt haben!

Ich zicke, also bin ich

Renate Haen

Das Zicken-Prinzip
Der weibliche Weg zu Ruhm und Glück

Econ | **ULLSTEIN** | List